한글만 알면
마법처럼 풀리는
마풀 중국어

마법처럼 풀리는
마풀중국어

한글만 알면
마법처럼 풀리는

마풀 중국어

초급

어휘 / 문장

 # 머리말

  마풀중국어는 훈민정음 창제 원리를 바탕으로 우리말과 중국어와의 관계를 연구하여 중국어를 한글로 배워야 하는 방법을 제시하고, 온라인 학습 중 유일하게 자가학습(문제풀이)이 가능한 브랜드이다.

  마풀 연구진은 우리말과 중국어 사이에 비슷한 발음이 많고, 일정한 발음 규칙이 있다는 사실을 기반으로 각종 옛 문헌과 사료, 실록 등을 매우 심도 있게 연구하였다. 그렇게 노력한 끝에 지금까지 우리나라 중국어 교육 프로그램에서는 볼 수 없었던 '마풀중국어'를 개발하게 되었다.

  마풀이라는 이름처럼 그야말로 '마법처럼 풀리는' 중국어 프로그램인 것이다.

  '선지자가 고향에서는 정작 대접을 못 받는다'는 말이 있다. 어릴 때부터 같이 보고 자랐던 사람이 시간이 지나 선지자가 되어 고향에 나타나니 아무도 거들떠도 안보더라는 말이다.

  현재 우리의 글자인 '훈민정음'이 이러한 처지에 놓여있다고 생각한다. 우리가 어릴 때 배워서 당연하게 사용하다 보니 정작 훈민정음의 진짜 가치와 위대성을 놓치고 있는 것이다.

  훈민정음은 지금부터 570여 년 전에 세종대왕께서 직접 창제하신 글자이다. 창제 당시 훈민정음은 자음 17자, 모음 11자로 28자에 불과한 글자지만, 세계 모든 사람의 입에서 나오는 소리를 모두 표현해 쓸 수 있는 글자였다. 그런데 오늘날 우리가 쓰는 글자는 24자이다. 4글자(ᅘ여린 히읗, ㆁ꼭지이응·아래아, ㅿ반치음)가 사라진 것이다. 사라진 4글자 외에도 ㅸ(순경음 비읍), ㆄ(순경음 피읖), ㅥ(쌍리을) 등의 소중한 글자들이 일제강점기 일본 학자들에 의해 강제로 사라졌고, 아직까지도 우리 곁에 돌아오지 못하고 있다.

이는 매우 안타까운 일이다. 마풀중국어 연구진은 훈민정음의 창제 원리 속에 숨겨진 우리말과 중국어, 나아가 세계 언어에 대한 비밀을 파헤치면서 많은 시간을 보냈다.

연구진과 마풀중국어를 개발하는 일은 17년 동안 대한민국에서 언어 관련 교육사업을 하며 이처럼 행복한 시간이 있었나 싶을 정도로 행복했다.

연구를 거듭할수록 마풀연구진은 일종의 사명감이 생겼다. 훈민정음의 위대한 글자들로 중국어를 가르치는 것은 단순히 중국어 교육을 쉽게 하는 것을 넘어 역사적, 학문적으로 매우 의미 있는 일이며 후손들에게 제대로 물려주어야 할 역사적인 사명이라는 것을.

'훈민정음의 위대한 비밀'을 통해 배우는 중국어 학습의 신세계에 오신 여러분을 진심으로 환영하며, 마풀중국어 개발을 위해 애쓴 연구진과 이카이스의 임직원들, 마풀을 응원해 주신 많은 분께 깊은 감사의 말씀을 아울러 전한다.

이카이스 ㈜ 대표 **이 현 준**

CONTENTS

초급 _ 어휘 / 문장

초급 _ 어휘

1강 공항 [机场]	09
2강 호텔 [饭店]	15
3강 지하철역 [地铁站]	21
4강 관광지 [旅游地]	27
5강 백화점 [商场]	33
6강 식당 [餐厅]	39
7강 은행 [银行]	47
8강 병원 [医院]	53
9강 회사(公司)	59
10강 대학교 [大学]	65

초급 _ 문장

1강 동작의 완료 [了]	73
2강 상황의 변화 [了]	79
3강 경험 표현 [过]	85
4강 지속 표현 [着]	91
5강 당위 표현 [应该/得]	97
6강 의문대명사 [谁], 전치사 [跟]	101
7강 의문대명사 [什么时候]	109
8강 이미 [已经], 아직 [还没/还不]	115
9강 비교 표현 [比/没有]	121
10강 비교 표현 [跟 ~ 一样/没有]	127
11강 연동문	133
12강 결과보어 [동사+完/错]	137
13강 동량보어 [동사+一次/一遍]	143
14강 시량보어 [~동안 ~했다/~째 ~하고 있다]	149
15강 정도보어 [동사+得+정도보어]	153

초급 _ 어휘

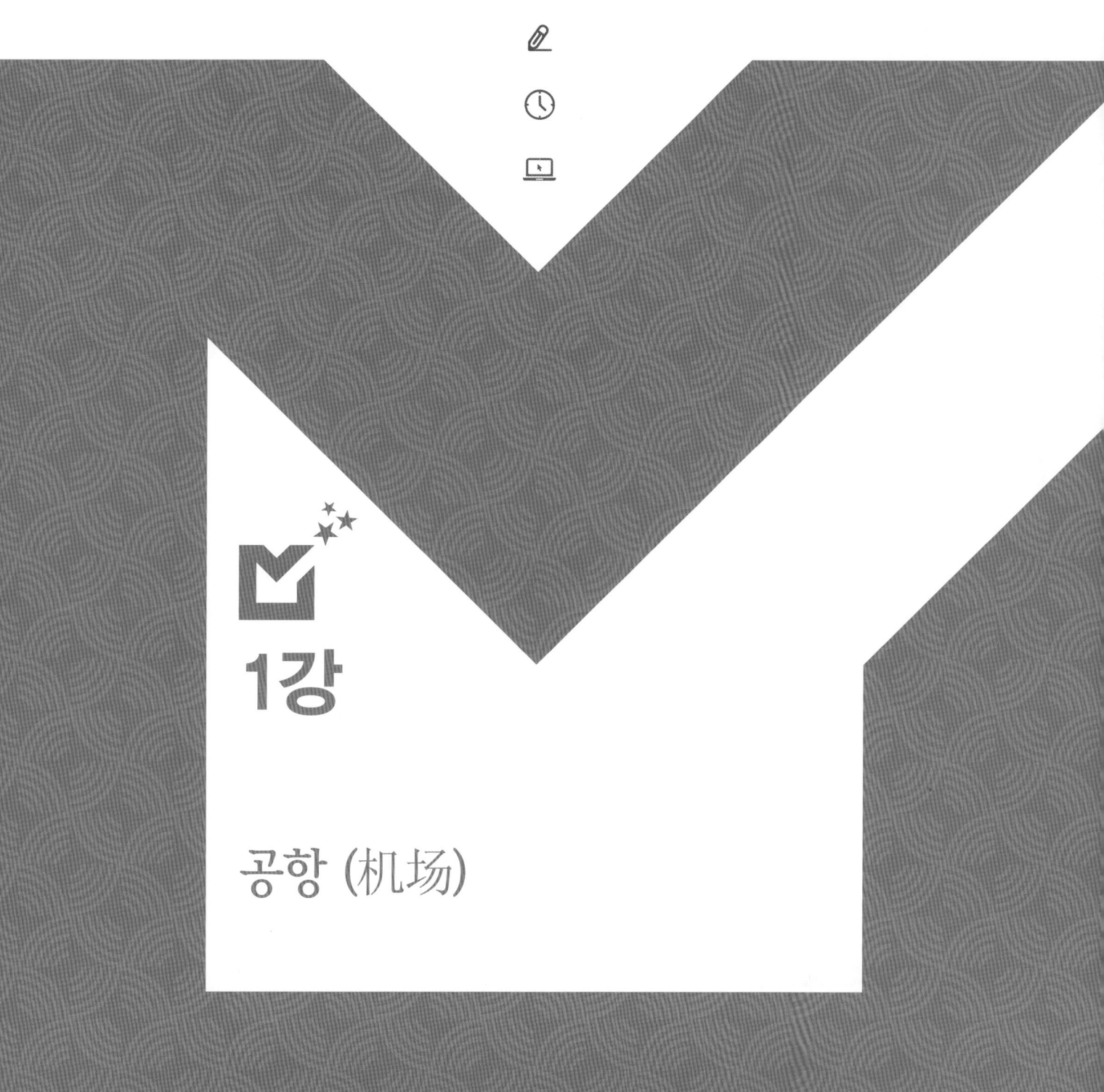

성조 색깔에 유의하여 사진에 맞는 표현을 써서, 문장을 완성해 보세요.

발권데스크

여권 을 보여 주세요.

请给我看一下您的 ☐。

칭 께이 워 칸 이 씨아 닌 떠 후쨔오.

Qǐng gěi wǒ kàn yí xià nín de hùzhào.

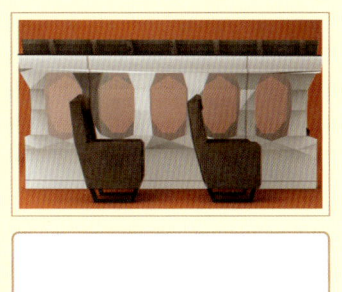

창문쪽 자리 로 부탁해요.

我要 ☐。

워 야오 카오 츄앙 떠 쭈어웨이.

Wǒ yào kào chuāng de zuòwèi.

비상구 근처 자리로 해 주세요.

我要 ☐ 的座位。

워 야오 안취앤먼 푸찐 떠 쭈어웨이.

Wǒ yào ānquánmén fùjìn de zuòwèi.

성조 색깔에 유의하여 사진에 맞는 표현을 써서, 문장을 완성해 보세요.

마일리지 적립해 주세요.

请给我累积一下 ☐。

칭 께이 워 레이찌 이 씨아 리쳥.
Qǐng gěi wǒ lěijī yí xià lǐchéng.

이 짐 을 부쳐 주세요.

这个 ☐ 我要托运。

쪄 꺼 씽리 워 야오 투어윈.
Zhè ge xíngli wǒ yào tuōyùn.

이것을 비행기 안으로 가져갈 수 있어요?

这个能带上 ☐ 吗?

쪄 꺼 넝 따이샹 페이찌 마?
Zhè ge néng dàishang fēijī ma?

성조 색깔에 유의하여 사진에 맞는 표현을 써서, 문장을 완성해 보세요.

무게 제한 이 얼마인가요?

行李 ☐ 是多少?

씽리 씨앤쫑 식 뚜어샤오?

Xíngli xiànzhòng shì duōshao?

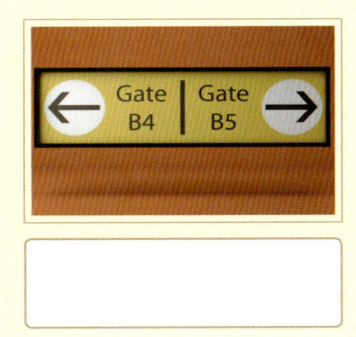

탑승 게이트 는 어디에 있어요?

☐ 在哪儿?

떵찌 코우 짜이 나?

Dēngjīkǒu zài nǎr?

출입국 수속

무엇을 하러 오셨습니까?

您 ☐ 做什么?

닌 라이 쭈어 션머?

Nín lái zuò shénme?

12 | 마법처럼 풀리는 **마풀중국어**

성조 색깔에 유의하여 사진에 맞는 표현을 써서, 문장을 완성해 보세요.

관광 하러 왔어요.

来 ▢。

라이 뤼요우.

Lái lǚyóu.

출장 왔어요.

来 ▢。

라이 츄챠이.

Lái chūchāi.

목적지 공항

수하물 찾는 곳이 어디 예요?

行李在 ▢ 取?

씽리 짜이 나ㄹ 취?

Xíngli zài nǎr qǔ?

성조 색깔에 유의하여 사진에 맞는 표현을 써서, 문장을 완성해 보세요.

안내소 는 어디에 있어요?

☐ 在哪儿?

쯔쒼츄 짜이 나?

Zīxúnchù zài nǎr?

시내로 들어가는 택시 는 어디서 타요?

去市内的 ☐ 在哪儿坐?

취 식네이 떠 츄쭈쳐 짜이 나 쭈어?

Qù shìnèi de chūzūchē zài nǎr zuò?

렌터카 는 어디서 빌려요?

在哪儿能 ☐ ?

짜이 나 넝 쭈쳐?

Zài nǎr néng zūchē?

마법처럼 풀리는 **마풀중국어**

2강

호텔 (饭店)

성조 색깔에 유의하여 사진에 맞는 표현을 써서, 문장을 완성해 보세요.

체크인

체크인 하고 싶습니다.

我想办理 ☐。

워 씨앙 빤리 루쮸 쇼우쒸.
Wǒ xiǎng bànlǐ rùzhù shǒuxù.

해변 쪽 방 으로 주세요.

请给我 ☐。

칭 께이 워 카오 하이 떠 팡찌앤.
Qǐng gěi wǒ kào hǎi de fángjiān.

짐을 방까지 좀 보내주세요.

请把我的行李☐到房间去。

칭 빠 워 떠 씽리 쏭따오 팡찌앤 취.
Qǐng bǎ wǒ de xíngli sòngdào fángjiān qù.

성조 색깔에 유의하여 사진에 맞는 표현을 써서, 문장을 완성해 보세요.

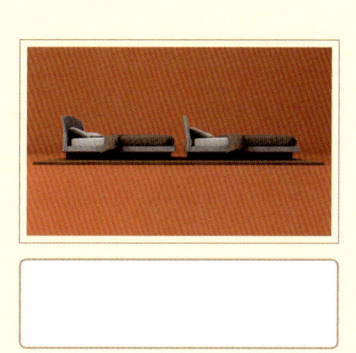

침대 두 개인 방 (twin room)으로 주세요.

我想要☐。

워 씨앙 야오 슈앙런 팡찌앤.
Wǒ xiǎng yào shuāngrén fángjiān.

서비스 문의

아침 식사 는 언제 할 수 있어요?

☐什么时候能吃?

짜오찬 션머 식호우 넝 츠?
Zǎocān shénme shíhou néng chī?

아침 여섯 시에 깨워 주세요.

请早上6点☐我。

칭 짜오샹 리우 띠앤 찌아오씽 워.
Qǐng zǎoshang liù diǎn jiàoxǐng wǒ.

성조 색깔에 유의하여 사진에 맞는 표현을 써서, 문장을 완성해 보세요.

제 방을 청소 해 주세요.

请把我的房间 ☐ 一下。

칭 빠 워 더 팡찌앤 따싸오 이씨아.

Qǐng bǎ wǒ de fángjiān dǎsǎo yíxià.

수건 을 더 주세요.

请再给我几条 ☐ 。

칭 짜이 께이 워 찌 티아오 마오찐.

Qǐng zài gěi wǒ jǐ tiáo máojīn.

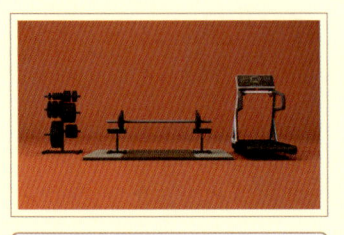

헬스클럽 이용 시간은 어떻게 돼요?

☐ 什么时候可以使用?

찌앤션 팡 션머 식호우 커이 식용?

Jiànshēnfáng shénme shíhou kěyǐ shǐyòng?

성조 색깔에 유의하여 사진에 맞는 표현을 써서, 문장을 완성해 보세요.

세탁 을 부탁합니다.

请给我 ☐ 一下。

칭 께이 워 씨 이씨아.

Qǐng gěi wǒ xǐ yíxià.

변기 가 고장 났어요.

☐ 坏了。

쭈어삐앤치 후아이 러.

Zuòbiànqì huài le.

체크아웃

체크아웃 하겠어요.

我要 ☐ 。

워 야오 투에이팡.

Wǒ yào tuìfáng.

초급_어휘 | 19

성조 색깔에 유의하여 사진에 맞는 표현을 써서, 문장을 완성해 보세요.

보관 해 주실 수 있어요?

能把我的行李 ☐ 到晚上吗?

넝 빠 워 떠 씽리 빠오꾸안 따오 완샹 마?

Néng bǎ wǒ de xíngli bǎoguǎn dào wǎnshang ma?

택시 한 대 를 불러 주세요.

请给我叫 ☐ 。

칭 께이 워 찌아오 이 리앙 츄쭈쳐.

Qǐng gěi wǒ jiào yí liàng chūzūchē.

공항 가는 버스 는 어디서 타요?

☐ 在哪儿坐?

찌챵 빠스 짜이 나ㄹ 쭈어?

Jīchǎng bāshì zài nǎr zuò?

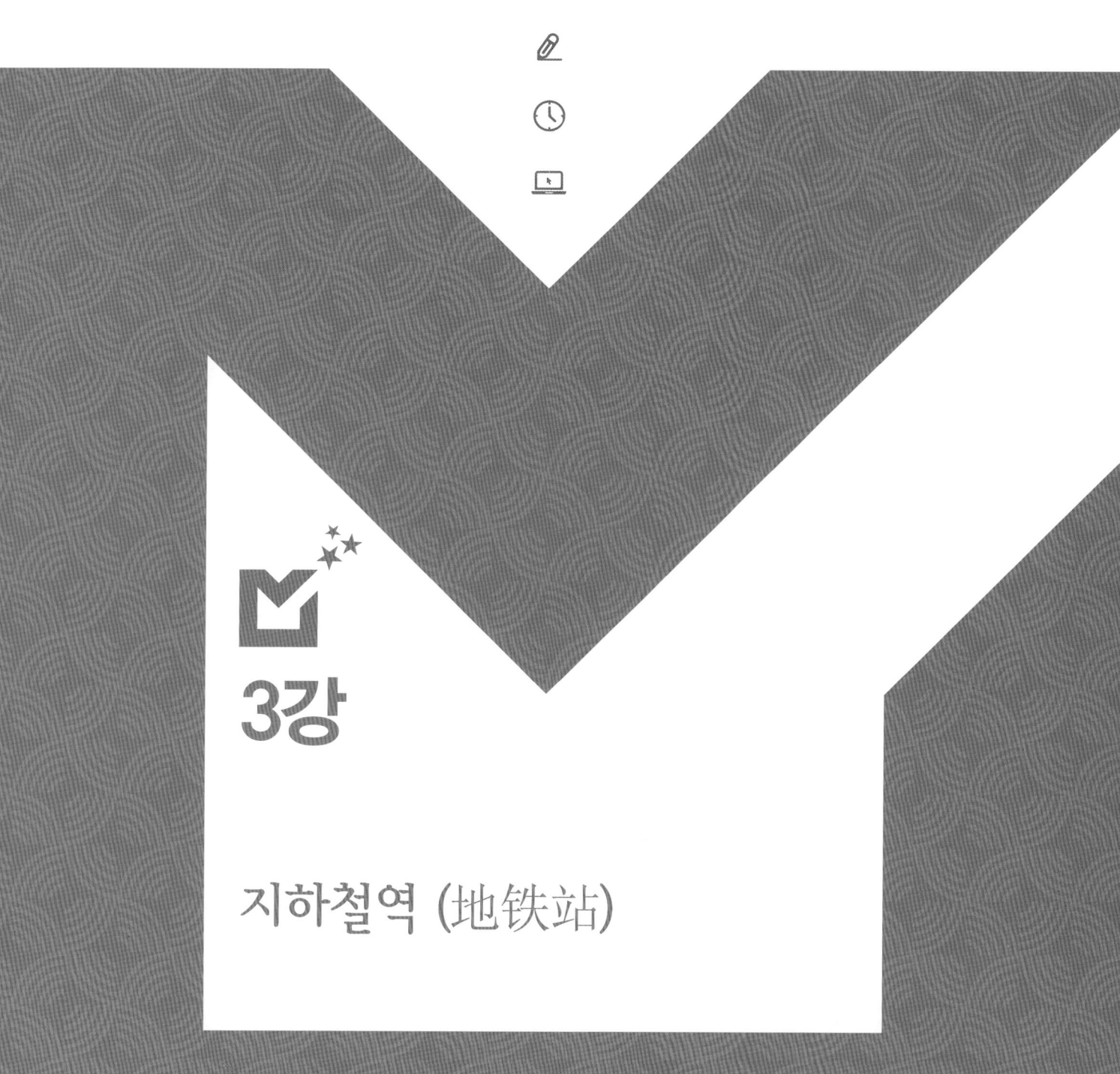

성조 색깔에 유의하여 사진에 맞는 표현을 써서, 문장을 완성해 보세요.

역/매표소 찾기

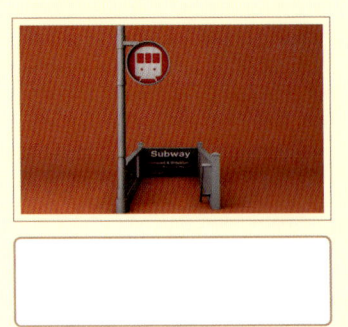

지하철역 은 어디예요?

最近的 ☐ 是哪儿?

쭈에이찐 떠 띠티에쨘 싀 나우?

Zuìjìn de dìtiězhàn shì nǎr?

걸어서 갈 수 있을까요?

能 ☐ 着去吗?

넝 쪼우 쩌 취 마?

Néng zǒu zhe qù ma?

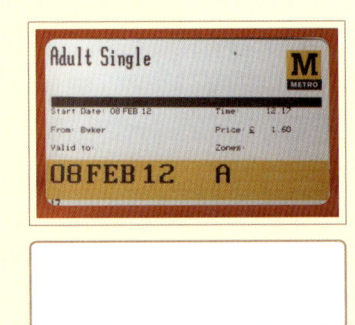

지하철 표 는 어디서 사요.

地铁 ☐ 在哪儿买?

띠티에피아오 짜이 나우 마이?

Dìtiěpiào zài nǎr mǎi?

성조 색깔에 유의하여 사진에 맞는 표현을 써서, 문장을 완성해 보세요.

매표소

몇 호선 이 시청역 가요?

去市厅站要坐 ☐ ?

취 식팅 쨘 야오 쭈어 찌 하오 씨앤?

Qù shìtīng zhàn yào zuò jǐ hào xiàn?

편도티켓 으로 한 장 주세요.

请给我一张去市厅的 ☐ 。

칭 께이 워 이 쨩 취 식팅 떠 딴청피아오.

Qǐng gěi wǒ yì zhāng qù shìtīng de dānchéngpiào.

어른 두 명, 아이 한 명입니다.

两个 ☐ , 一个 ☐ 。

리앙 꺼 따런, 이 꺼 으통.

Liǎng ge dàrén, yí ge értóng.

성조 색깔에 유의하여 사진에 맞는 표현을 써서, 문장을 완성해 보세요.

승차요금 이 얼마에요?

☐ 是多少钱?

쳐페이 식 뚜어샤오 치앤?

Chēfèi shì duōshao qián?

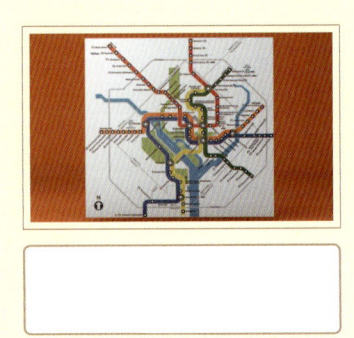

지하철 노선도 를 주세요.

请给我一张 ☐ 。

칭 께이 워 이 쨩 띠티에 루씨앤투.

Qǐng gěi wǒ yì zhāng dìtiě lùxiàntú.

100위앤 충전 해주세요.

请帮我 ☐ 一百块。

칭 빵 워 춍쯔 이 빠이 쿠아이.

Qǐng bāng wǒ chōngzhí yì bǎi kuài.

성조 색깔에 유의하여 사진에 맞는 표현을 써서, 문장을 완성해 보세요.

지하철 안

어느 역에서 갈아타야 해요?

要在哪站 ☐ ?

야오 짜이 나 쨘 후안쳥?

Yào zài nǎ zhàn huànchéng?

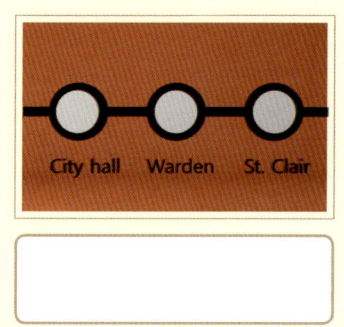

베이징역까지 몇 정거장 남았어요?

到北京站还有 ☐ ?

따오 뻬이찡 쨘 하이 요우 찌 쨘?

Dào Běijīng zhàn hái yǒu jǐ zhàn?

지금 방송 에서 무슨 역이라고 했어요?

现在 ☐ 里说是哪一站?

씨앤짜이 꾸앙뽀리 슈어 스 나 이 쨘?

Xiànzài guǎngbōlǐ shuō shì nǎ yí zhàn?

초급_어휘 | 25

성조 색깔에 유의하여 사진에 맞는 표현을 써서, 문장을 완성해 보세요.

출구 찾기

출구 출구가 어디에 있어요?

3号 ☐ 在哪儿?

싼 하오 츄코우 짜이 나ㄹ?
Sān hào chūkǒu zài nǎr?

시장 으로 가려면 몇 번 출구로 나가야 해요?

去 ☐ 要从几号出口出去?

취 식챵 야오 총 찌 하오 츄코우 츄취?
Qù shìchǎng yào cóng jǐ hào chūkǒu chūqu?

엘리베이터 가 어디에 있나요?

☐ 在哪儿?

띠앤티 짜이 나ㄹ?
Diàntī zài nǎr?

성조 색깔에 유의하여 사진에 맞는 표현을 써서, 문장을 완성해 보세요.

관광지 찾기

관광 명소 에는 어떤 것이 있어요?

有什么 ☐ 吗?

요우 션머 뤼요우 찡띠앤 마?

Yǒu shénme lǚyóu jǐngdiǎn ma?

근처에서 가장 유명 한 것은 무엇입니까?

附近最 ☐ 的是什么?

푸찐 쭈에이 요우밍 떠 식 션머?

Fùjìn zuì yǒumíng de shì shénme?

이 지역 특산물 은 뭐예요?

这个 ☐ 是什么?

쩌 꺼 띠팡 터챤 식 션머?

Zhè ge dìfang tèchǎn shì shénme?

성조 색깔에 유의하여 사진에 맞는 표현을 써서, 문장을 완성해 보세요.

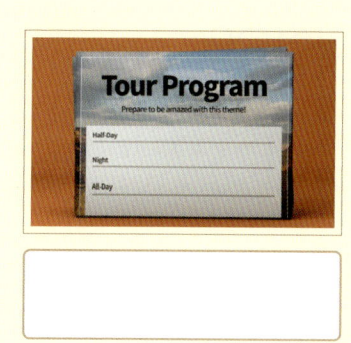

관광 여행 프로그램 이 있어요?

有 ☐ 吗?

요우 뤼요우 꾸안꾸앙 후어똥 마?
Yǒu lǚyóu guānguāng huódòng ma?

관광 안내자료 및 요금 문의

관광 안내 책자 하나 주세요.

请给我一本 ☐。

칭 께이 워 이 뻔 뤼요우쇼우처.
Qǐng gěi wǒ yì běn lǚyóushǒucè.

무료 지도 가 있어요?

有没有 ☐ ?

요우 메이요우 미앤페이 띠투?
Yǒu méiyǒu miǎnfèi dìtú?

성조 색깔에 유의하여 사진에 맞는 표현을 써서, 문장을 완성해 보세요.

한국어 안내원 이 있어요?

有韩语 ☐ 吗?

요우 한위 따오요우 마?

Yǒu Hányǔ dǎoyóu ma?

입장권 은 얼마예요?

☐ 多少钱?

먼피아오 뚜어샤오 치앤?

Ménpiào duōshao qián?

학생 할인 이 돼요?

☐ 吗?

쒸에성 따쪄 마?

Xuésheng dǎzhé ma?

성조 색깔에 유의하여 사진에 맞는 표현을 써서, 문장을 완성해 보세요.

관광상품 관련 문의

관람 하는데 시간이 얼마나 걸려요?

☐ 要花多长时间?

찬꾸안 야오 후아 뚜어 챵 싀찌앤?

Cānguān yào huā duō cháng shíjiān?

몇 시에 출발 하나요?

几点 ☐ ?

찌 띠앤 츄퐈?

Jǐ diǎn chūfā?

미리 준비 해야 할 것이 있어요?

有什么需要事先 ☐ 的吗?

요우 션머 쒸야오 싀씨앤 쭌뻬이 떠 마?

Yǒu shénme xūyào shìxiān zhǔnbèi de ma?

성조 색깔에 유의하여 사진에 맞는 표현을 써서, 문장을 완성해 보세요.

호텔 에서 마중해 주시겠어요?

☐ 能派人来接我们吗?

판띠앤 넝 파이 런라이 찌에 워먼 마?
Fàndiàn néng pài rén lái jiē wǒmen ma?

자유 시간 이 있나요?

有 ☐ 吗?

요우 쯔요우 싀찌앤 마?
Yǒu zìyóu shíjiān ma?

사진 을 좀 찍어 주시겠어요?

您能给我们 ☐ 吗?

닌 넝 께이 워먼 쨔오 씨앙 마?
Nín néng gěi wǒmen zhào xiàng ma?

마법처럼 풀리는 마풀중국어

5강

백화점 (商场)

성조 색깔에 유의하여 사진에 맞는 표현을 써서, 문장을 완성해 보세요.

쇼핑센터 찾기

백화점 은 어느 방향이에요?

☐ 往哪个方向走?

샹챵 왕 나 꺼 팡씨앙 쪼우?

Shāngchǎng wǎng nǎ ge fāngxiàng zǒu?

면세점 은 몇 층이에요?

☐ 在几楼?

미앤슈에이띠앤 짜이 찌 로우?

Miǎnshuìdiàn zài jǐ lóu?

좀 둘러봐도 될까요?

可以 ☐ 吗?

커이 칸이칸 마?

Kěyǐ kàn yi kàn ma?

성조 색깔에 유의하여 사진에 맞는 표현을 써서, 문장을 완성해 보세요.

이거 입어 봐도 됩니까?

这个可以 ☐ 一下吗?

쪄 꺼 커이 싀츄안 이씨아 마?
Zhè ge kěyǐ shìchuān yíxià ma?

이 쪽이 신상품 이에요?

这边的是 ☐ 吗?

쪄 삐앤 떠 싀 씬챤핀 마?
Zhè biān de shì xīnchǎnpǐn ma?

다른 색상 을 더 보여 주세요.

请再给我看看别的 ☐ 的。

칭 짜이 께이 워 칸칸 삐에떠 얜써 떠.
Qǐng zài gěi wǒ kànkan biéde yánsè de.

성조 색깔에 유의하여 사진에 맞는 표현을 써서, 문장을 완성해 보세요.

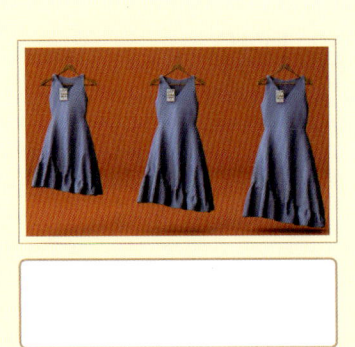

이 제품으로 다른 치수 는 없어요?

这个商品没有其他 ☐ 的吗?

쪄 꺼 샹핀 메이요우 치타 **츠춘** 떠 마?
Zhè ge shāngpǐn méiyǒu qítā chǐcun de ma?

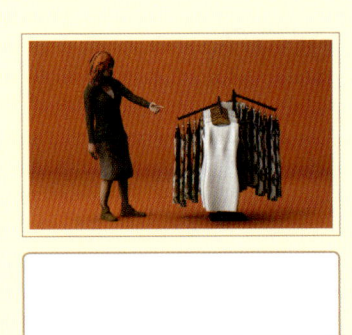

이건 얼마예요 ?

这个 ☐ ?

쪄 꺼 뚜어샤오 치앤?
Zhè ge duōshao qián?

카운터 가 어디죠?

☐ 在哪儿?

쇼우쿠안타이 짜이 나?
Shōukuǎntái zài nǎr?

36 | 마법처럼 풀리는 **마풀중국어**

성조 색깔에 유의하여 사진에 맞는 표현을 써서, 문장을 완성해 보세요.

계산대

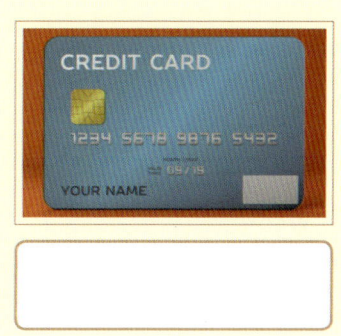

신용 카드 로 계산해도 돼요?

可以用 ▢ 付款吗?

커이 용 씬용카 푸쿠안 마?

Kěyǐ yòng xìnyòngkǎ fù kuǎn ma?

영수증 주세요.

请给我 ▢ 。

칭 께이 워 쇼우쮜.

Qǐng gěi wǒ shōujù.

금액 이 틀려요.

▢ 错了。

찐어추어 러.

Jīn'é cuò le.

성조 색깔에 유의하여 사진에 맞는 표현을 써서, 문장을 완성해 보세요.

선물 포장 을 해 주세요.

请把 ☐ 一下。

칭 빠 리우 빠오쮸앙 이씨아.

Qǐng bǎ lǐwù bāozhuāng yíxià.

이걸 교환 하고 싶어요.

我想把这个 ☐ 一下。

워 씨앙 빠 쩌 꺼 후안 이씨아.

Wǒ xiǎng bǎ zhè ge huàn yíxià.

환불 해 주시겠어요?

能给 ☐ 吗?

넝 께이 투에이치앤 마?

Néng gěi tuìqián ma?

성조 색깔에 유의하여 사진에 맞는 표현을 써서, 문장을 완성해 보세요.

위치 찾기 및 자리잡기

유명한 식당 을 추천해 주시겠어요??

能给我推荐一家有名的 □ 吗?

넝 께이 워 투에이찌앤 이 찌아 요우밍 떠 찬팅 마?

Néng gěi wǒ tuījiàn yì jiā yǒumíng de cāntīng ma?

일곱 시에 예약 했습니다.

我 □ 了7点的座位。

워 위띵 러 치 띠앤 떠 쭈어웨이.

Wǒ yùdìng le qī diǎn de zuòwèi.

자리 있어요?

有 □ 吗?

요우 웨이쯔 마?

Yǒu wèizi ma?

성조 색깔에 유의하여 사진에 맞는 표현을 써서, 문장을 완성해 보세요.

얼마나 오래 기다려야 해요?

要等 ☐ ?

야오 떵 뚜어 챵 스찌앤?
Yào děng duō cháng shíjiān?

창가 자리 로 부탁해요.

请给我 ☐ 。

칭 께이 워 카오 츄앙 더 웨이쯔.
Qǐng gěi wǒ kào chuāng de wèizi.

흡연석 으로 부탁해요.

请给我 ☐ 。

칭 께이 워 씨앤씨.
Qǐng gěi wǒ xīyānxí.

초급_어휘 | 41

성조 색깔에 유의하여 사진에 맞는 표현을 써서, 문장을 완성해 보세요.

금연석 으로 부탁해요.

请给我 ☐ 。

칭 께이 워 찐얜씨.
Qǐng gěi wǒ jìnyānxí.

주문 및 서비스 관련

어린이 의자 를 준비해 주세요.

请给我准备一个 ☐ 。

칭 께이 워 쭌뻬이 이 꺼 으통 이쯔.
Qǐng gěi wǒ zhǔnbèi yí ge értóng yǐzi.

이 집에서 가장 인기 있는 것은 무엇입니까?

你们这儿 ☐ 的是什么？

니먼 쪄으 쭈에이 쇼우 후안잉 떠 싁 션머?
Nǐmen zhèr zuì shòu huānyíng de shì shénme?

성조 색깔에 유의하여 사진에 맞는 표현을 써서, 문장을 완성해 보세요.

저희 주문 할게요.

我们要☐。

워먼 야오 띠앤 차이.
Wǒmen yào diǎn cài.

냅킨 을 가져다 주세요.

请拿点☐来。

칭 나 띠앤 찬찐쯔 라이.
Qǐng ná diǎn cānjīnzhǐ lái

컵 이 더러워요. 바꿔 주세요.

☐太脏了，请换一下。

뻬이쯔 타이 짱 러, 칭 후안 이씨아.
Bēizi tài zāng le, qǐng huàn yíxià

성조 색깔에 유의하여 사진에 맞는 표현을 써서, 문장을 완성해 보세요.

음식이 식었어요, 좀 데워 주세요.

菜 ☐ 了, 再给 ☐ 一下。

차이 리앙 러, 짜이 께이 러이씨아.

Cài liáng le, zài gěi rè yíxià.

식사 후 서비스 관련

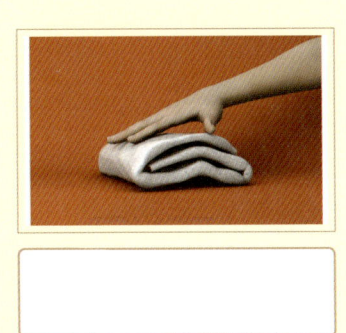

여기를 좀 닦아 주세요.

请把这儿 ☐ 一下。

칭 빠 쪄ㄹ 차 이씨아.

Qǐng bǎ zhèr cā yíxià.

여기 남은 음식을 포장 해 주세요.

剩下的菜请给我 ☐ 一下 ☐。

셩씨아 떠 차이 칭 께이 워 따 이씨아 빠오.

Shèngxià de cài qǐng gěi wǒ dǎ yíxià bāo.

성조 색깔에 유의하여 사진에 맞는 표현을 써서, 문장을 완성해 보세요.

계산서 주세요.

请给我 [　　] 。

칭 께이 워 쨩딴.
Qǐng gěi wǒ zhàngdān.

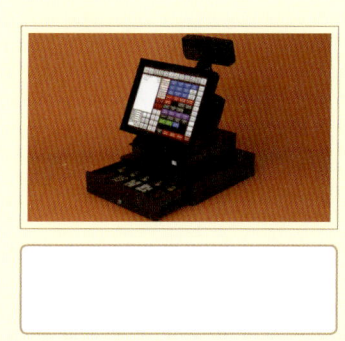

나눠서 계산 해 주세요.

请分开 [　] 。

칭 펀카이 쑤안.
Qǐng fēnkāi suàn.

Memo

성조 색깔에 유의하여 사진에 맞는 표현을 써서, 문장을 완성해 보세요.

첫 이용 서비스 문의

통장 을 만들고 싶어요.

我想办个☐。

워 씨앙 빤 꺼 춘쪄.
Wǒ xiǎng bàn ge cúnzhé.

현금 카드 를 만들어 주세요.

请给我办一张☐。

칭 께이 워 빤 이 쨩 씨앤찐카.
Qǐng gěi wǒ bàn yì zhāng xiànjīnkǎ.

인터넷 뱅킹 도 함께 신청할게요.

☐也一起申请。

왕루어 인항 예 이치 션칭.
Wǎngluò yínháng yě yìqǐ shēnqǐng.

성조 색깔에 유의하여 사진에 맞는 표현을 써서, 문장을 완성해 보세요.

주요 서비스 문의

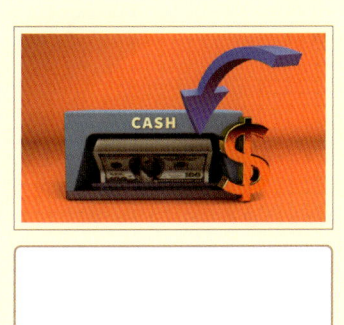

입금 하겠어요.

我要 ☐。

워 야오 춘쿠안.

Wǒ yào cúnkuǎn.

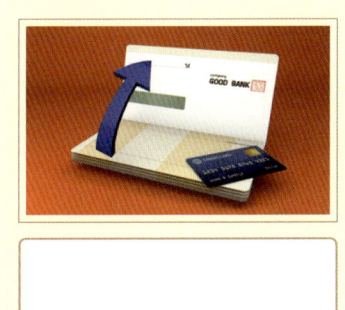

계좌 이체 를 하고 싶습니다.

我想 ☐。

워 씨앙 쭈안 쌍.

Wǒ xiǎng zhuǎn zhàng.

출금 할게요.

我要 ☐。

워 야오 취치앤.

Wǒ yào qǔqián.

초급_어휘 | 49

성조 색깔에 유의하여 사진에 맞는 표현을 써서, 문장을 완성해 보세요.

통장에 잔금 이 얼마 있어요?

存折里还有多少☐?

춘쪄 리 하이 요우 뚜어샤오 위어?

Cúnzhé lǐ hái yǒu duōshao yú'é?

잔돈 으로 바꿔 주세요.

请换成☐。

칭 후안청 링치앤.

Qǐng huànchéng língqián.

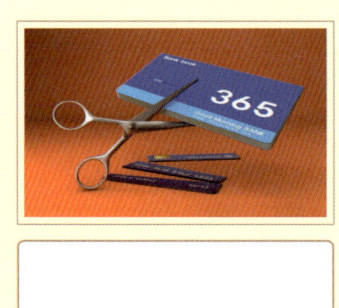

계좌를 해지 하고 싶어요.

我想☐帐户。

워 씨앙 쭈씨아오 쨩후.

Wǒ xiǎng zhùxiāo zhànghù.

성조 색깔에 유의하여 사진에 맞는 표현을 써서, 문장을 완성해 보세요.

대출 및 그 외 문의사항

대출 을 받고 싶습니다.

我想 ☐ 。

워 씨앙 따이쿠안.

Wǒ xiǎng dàikuǎn.

현금 서비스 를 받을 수 있습니까?

能得到 ☐ 吗?

넝 떠따오 위푸씨앤찐 마?

Néng dédào yùfùxiànjīn ma?

카드를 읽어버렸어요 .

我的卡 ☐ 了。

워 떠 카 띠요우 러.

Wǒ de kǎ diū le.

초급_어휘 | 51

성조 색깔에 유의하여 사진에 맞는 표현을 써서, 문장을 완성해 보세요.

분실신고 해 주세요.

请帮我☐。

칭 빵 워 꾸아시.

Qǐng bāng wǒ guàshī.

비밀번호를 잊어버렸어요. 어떻게 해요?

☐忘了，该怎么办呢？

미마 왕 러, 까이 쩐머 빤 너?

Mìmǎ wàng le, gāi zěnme bàn ne?

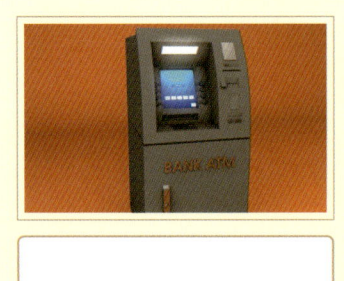

현금인출기가 어디에 있어요?

☐在哪儿？

취쿠안찌 짜이 나?

Qǔkuǎnjī zài nǎr?

마법처럼 풀리는 **마풀중국어**

8강

병원 (医院)

성조 색깔에 유의하여 사진에 맞는 표현을 써서, 문장을 완성해 보세요.

접수 – 데스크

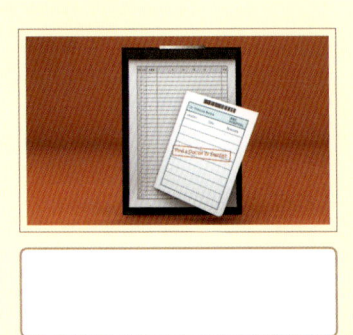

예약 하셨어요?

您 □ 了吗?

닌 위띵 러 마?

Nín yùdìng le ma?

전화 로 예약했어요.

打 □ 预订了。

따 띠앤후아 위띵 러.

Dǎ diànhuà yùdìng le.

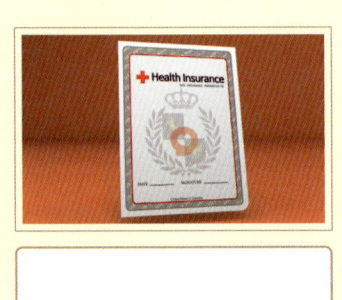

보험증 을 주세요.

请给我看看 □。

칭 께이 워 칸칸 빠오씨앤쪙.

Qǐng gěi wǒ kànkan bǎoxiǎnzhèng.

성조 색깔에 유의하여 사진에 맞는 표현을 써서, 문장을 완성해 보세요.

진료 받으러 왔어요.

我来 ☐ 。

워 라이 칸삥.
Wǒ lái kànbìng.

진찰받기 – 진료실

배탈이 났어요.

我 ☐ 了。

워 라뚜쯔 러.
Wǒ lādùzi le.

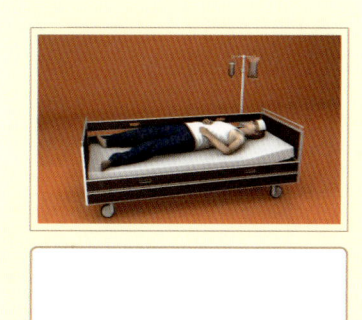

몸살이 났어요.

我 ☐ 了。

워 훈션 난쇼우 러.
Wǒ húnshēn nánshòu le.

초급_어휘 | 55

성조 색깔에 유의하여 사진에 맞는 표현을 써서, 문장을 완성해 보세요.

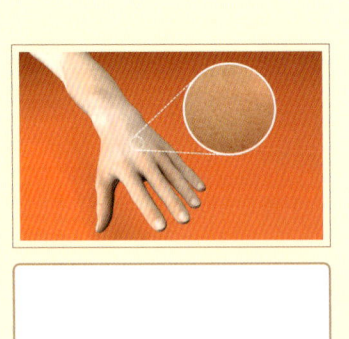

이상한 게 피부 에 생겼어요.

☐ 上长了奇怪的东西。

피푸 샹 쟝 러 치꾸아이 떠 똥씨.
Pífū shang zhǎng le qíguài de dōngxi.

끓는 물에 데었어요.

被开水 ☐ 了。

뻬이 카이슈에이 탕 러.
Bèi kāishuǐ tàng le.

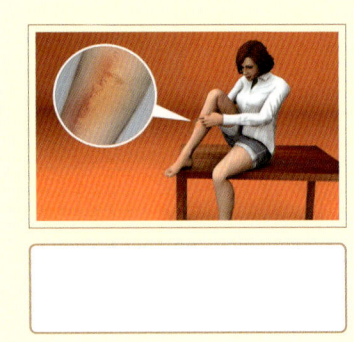

눈꼽 이 끼고 눈물 이 나요.

长 ☐ , 流 ☐ 。

쟝 앤싀, 리요우 앤레이.
Zhǎng yǎnshǐ, liú yǎnlèi.

성조 색깔에 유의하여 사진에 맞는 표현을 써서, 문장을 완성해 보세요.

처방받기 – 데스크

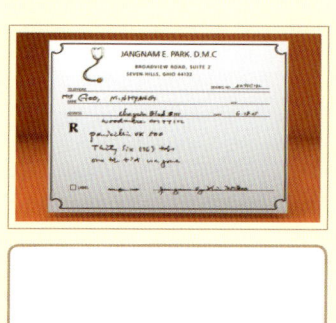

처방전 을 받아가세요.

请拿到 ☐。

칭 나따오 츄팡.

Qǐng nádào chǔfāng.

언제 다시 올까요?

什么时候 ☐ ?

션머 스호우 짜이 라이?

Shénme shíhou zài lái?

진단서 와 영수증 을 받고 싶어요.

我想开 ☐ 和 ☐ 。

워 씨앙 카이 쪈뚜안슈 허 쇼우쮜.

Wǒ xiǎng kāi zhěnduànshū hé shōujù.

초급_어휘 | 57

성조 색깔에 유의하여 사진에 맞는 표현을 써서, 문장을 완성해 보세요.

약구입 – 약국

이 약의 복용법 을 알려 주세요.

请告诉我这个药的 ☐ 。

칭 까오쑤 워 쪄 꺼 야오 떠 푸용 팡파.

Qǐng gàosu wǒ zhè ge yào de fúyòng fāngfǎ.

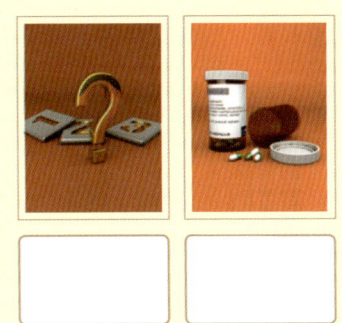

매일 세 번 , 한번에 한 알 씩 드세요.

每天三 ☐ , 一次吃一 ☐ 。

메이티앤 싼 츠, 이 츠 칙 이 피앤.

Měitiān sān cì, yí cì chī yí piàn.

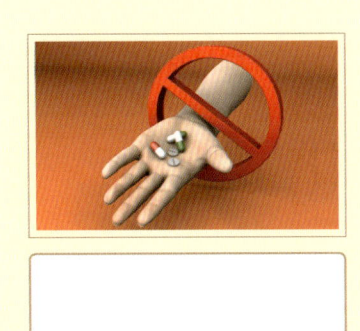

부작용 이 있어요?

有 ☐ 吗?

요우 푸쭈어용 마?

Yǒu fùzuòyòng ma?

마법처럼 풀리는 **마풀중국어**

9강

회사 (公司)

성조 색깔에 유의하여 사진에 맞는 표현을 써서, 문장을 완성해 보세요.

업무 관련

언제까지 끝내야 해요?

到什么时候为止得 ☐ ?

따오 션머 시호우 웨이찍 떼이 완쳥?

Dào shénme shíhou wéizhǐ děi wánchéng?

이번 주 금요일 까지 확실하게 끝내세요.

请到这个 ☐ 为止一定完成。

칭 따오 쪄 꺼 씽치우 웨이찍 이띵 완쳥.

Qǐng dào zhè ge xīngqīwǔ wéizhǐ yídìng wánchéng.

이 서류를 결재(승인) 해 주세요.

请把这份文件 ☐ 一下。

칭 빠 쪄 펀 원찌앤 피쭌 이씨아.

Qǐng bǎ zhè fèn wénjiàn pīzhǔn yíxià.

성조 색깔에 유의하여 사진에 맞는 표현을 써서, 문장을 완성해 보세요.

이메일(전자우편) 로 보내 주시겠어요?

您能用 ☐ 发过来吗?

닌 넝 용 띠앤쯔 요우찌앤 파 꾸어라이 마?
Nín néng yòng diànzǐ yóujiàn fā guòlái ma?

저 대신 업무를 맡아 주세요.

请你 ☐ 我负责工作。

칭 니 따이티 워 푸쩌 꽁쭈어.
Qǐng nǐ dàitì wǒ fùzé gōngzuò.

파일명 을 뭐라고 하셨어요?

☐ 您用的什么?

원찌앤밍 닌 용 떠 션머?
Wénjiànmíng nín yòng de shénme?

성조 색깔에 유의하여 사진에 맞는 표현을 써서, 문장을 완성해 보세요.

회의 관련

회의 는 언제입니까?

☐ 什么时候开?

후에이이 션머 싀호우 카이?
Huìyì shénme shíhou kāi?

회의 의제 는 무엇입니까?

会议的 ☐ 是什么?

후에이이 떠 이티 싀 션머?
Huìyì de yìtí shì shénme?

십 분 휴식 후 다시 시작하겠습니다.

☐ 10分钟后接着开会。

씨요우씨 싀 펀쫑 호우 찌에 쪄 카이후에이.
Xiūxi shí fēnzhōng hòu jiē zhe kāihuì.

성조 색깔에 유의하여 사진에 맞는 표현을 써서, 문장을 완성해 보세요.

거래 관련

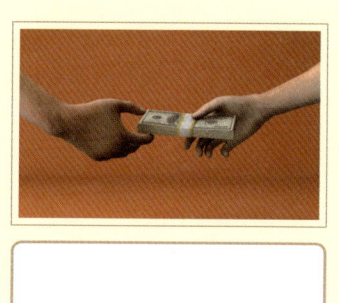

저희와 [거래] 해 주셔서 감사합니다.

谢谢您跟我们做☐。

씨에씨에 닌 껀 워먼 쭈어 찌아오이.
Xièxiè nín gēn wǒmen zuò jiāoyì.

가격은 [협상] 가능합니다.

价格可以☐。

찌아꺼 커이 씨에샹.
Jiàgé kěyǐ xiéshāng.

[대량 구매]를 하시면 10퍼센트 할인해 드립니다.

☐时可以打9折。

따리앙 꼬우마이 싀 커이 따 찌요우 쪄.
Dàliàng gòumǎi shí kěyǐ dǎ jiǔ zhé.

초급_어휘 | 63

성조 색깔에 유의하여 사진에 맞는 표현을 써서, 문장을 완성해 보세요.

결제 [마감일] 은 매월 15일입니다.

付款 [　　] 是每个月15号。

푸쿠안 찌에찍 르치 싀 메이 꺼 위에 싀우 하오.
Fùkuǎn jiézhǐ rìqī shì měi ge yuè shíwǔ hào.

휴가 관련

[연차] 가 사흘 남았어요.

[　　] 还有3天。

니앤찌아 하이 요우 싼 티앤.
Niánjià hái yǒu sān tiān.

저는 이번 [휴가] 에 중국에 갔다 오려고요.

这次 [　　] 我想去中国。

쩌 츠 씨요우찌아 워 씨앙 취 쭝꾸어.
Zhè cì xiūjià wǒ xiǎng qù Zhōngguó.

성조 색깔에 유의하여 사진에 맞는 표현을 써서, 문장을 완성해 보세요.

학교 정보

저는 한국 대학교 에 다니고 있어요.

我上韩国 ☐ 。

워 샹 한꾸어 따쒜에.
Wǒ shàng Hánguó dàxué.

전공 이 뭐예요?

☐ 是什么?

쮸안예 싀 션머?
Zhuānyè shì shénme?

경영학 을 배우고 있어요.

在学 ☐ 。

짜이 쒜에 찡잉쒜에.
Zài xué jīngyíngxué.

성조 색깔에 유의하여 사진에 맞는 표현을 써서, 문장을 완성해 보세요.

잠시 휴학 중이에요.

暂时 ☐ 了。

짠싀 씨요우쒸에 러.

Zànshí xiūxué le.

과제 관련

이 과제 는 언제까지 제출해야 해요?

这个 ☐ 要交到什么时候?

쪄 꺼 쭈어예 야오 찌아오 따오 션머 싀호우?

Zhè ge zuòyè yào jiāo dào shénme shíhou?

참고자료 를 반드시 첨부해야 해요?

一定要附 ☐ 吗?

이띵 야오 푸 찬카오 차이리아오 마?

Yídìng yào fù cānkǎo cáiliào ma?

초급_어휘 | 67

성조 색깔에 유의하여 사진에 맞는 표현을 써서, 문장을 완성해 보세요.

(분량은) 얼마 나 써야 해요?

要写 ☐ ?

야오 씨에 뚜어샤오?

Yào xiě duōshao?

시험 관련

그 과목은 중간고사 를 언제 봐요?

那门课什么时候 ☐ ?

나 먼 커 션머 스호우 치쫑 카오스?

Nà mén kè shénme shíhou qīzhōng kǎoshì?

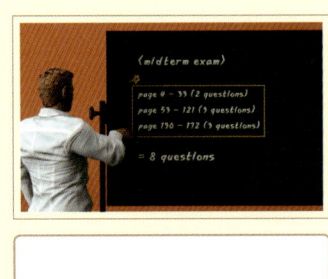

시험 범위 는 무엇이에요?

☐ 是什么?

카오스 판웨이 스 션머?

Kǎoshì fànwéi shì shénme?

성조 색깔에 유의하여 사진에 맞는 표현을 써서, 문장을 완성해 보세요.

작년 기출문제 를 구할 수 있을까요?

能拿到去年的 ☐ 吗?

넝 나따오 취니앤 떠 쪈티 마?

Néng nádào qùnián de zhēntí ma?

시험 결과 는 언제 나와요?

☐ 什么时候出来?

카오싀 찌에꾸어 션머 싀호우 츄라이?

Kǎoshì jiéguǒ shénme shíhou chūlái?

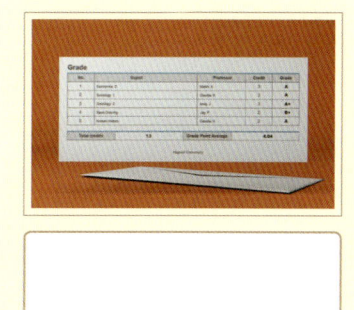

성적 을 확인하고 싶어요.

我想确认 ☐ 。

워 씨앙 취에런 쳥찌.

Wǒ xiǎng quèrèn chéngjì.

성조 색깔에 유의하여 사진에 맞는 표현을 써서, 문장을 완성해 보세요.

방과 후

수업이 끝난 후에는 학원 에 다녀요.

我下课后上☐。

워 씨아커 호우 샹 뿌씨빤.
Wǒ xiàkè hòu shàng bǔxíbān.

수업이 끝난 후에는 아르바이트 하러 가요.

我下课后去☐。

워 씨아커 호우 취 따꽁.
Wǒ xiàkè hòu qù dǎgōng.

봉사 활동 에 참여하고 있어요.

我在参加☐。

워 짜이 찬찌아 쯰위앤 푸우 후어똥.
Wǒ zài cānjiā zhìyuàn fúwù huódòng.

Memo

초급 _ 문장

마법처럼 풀리는 **마풀중국어**

1강

핵심 포인트

동작의 완료는 문장 맨 뒤,
동사 뒤에 了를 써서 표현하고, 没로 부정한다.

주어 동사 목적어 了
주어 没 동사 목적어
주어 동사 了 관형어 / 수량사 목적어

01 주어 동사 목적어 了

문장 성분에 유의하여 우리말을 중국어로 바꿔 써 보세요.

주어 동사 목적어 了
我喝咖啡了。
워 허 카페이 러.
Wǒ hē kāfēi le.

나는 커피를 마셨다.

___

주어 동사 목적어 了
我吃面包了。
워 츼 미앤빠오 러.
Wǒ chī miànbāo le.

나는 빵을 먹었다.

___

주어 동사 목적어 了
他看书了。
타 칸 슈 러.
Tā kàn shū le.

그는 책을 보았다.

___

주어 동사 목적어 了
她买衣服了。
타 마이 이푸 러.
Tā mǎi yīfu le.

그녀는 옷을 샀다.

___

02 주어 没 동사 목적어

문장 성분에 유의하여 우리말을 중국어로 바꿔 써 보세요.

주어 没 동사 목적어

我没喝咖啡。

워 메이 허 카페이.
Wǒ méi hē kāfēi.

나는 커피를 마시지 않았다.

주어 没 동사 목적어

我没吃面包。

워 메이 츠 미앤빠오.
Wǒ méi chī miànbāo.

나는 빵을 먹지 않았다.

주어 没 동사 목적어

他没看书。

타 메이 칸 슈.
Tā méi kàn shū.

그는 책을 보지 않았다.

주어 没 동사 목적어

她没买衣服。

타 메이 마이 이푸.
Tā méi mǎi yīfu.

그녀는 옷을 사지 않았다.

03 주어 동사 了 관형어 / 수량사 목적어

 문장 성분에 유의하여 우리말을 중국어로 바꿔 써 보세요.

주 동 了 관형어 / 수량사 목

我喝了一杯咖啡。

워 허 러 이 뻬이 카페이.
Wǒ hē le yì bēi kāfēi.

나는 커피 한 잔을 마셨다.

주 동 了 관형어 / 수량사 목

我吃了一个面包。

워 츨 러 이 꺼 미앤빠오.
Wǒ chī le yí ge miànbāo.

나는 빵 한 개를 먹었다.

주 동 了 관형어 / 수량사 목

他看了三本书。

타 칸 러 싼 뻔 슈.
Tā kàn le sān běn shū.

그는 책 세 권을 보았다.

주 동 了 관형어 / 수량사 목

她买了漂亮的衣服。

타 마이 러 피아오리앙 떠 이푸.
Tā mǎi le piàoliang de yīfu.

그녀는 예쁜 옷을 샀다.

확인 문제 주어진 단어를 어순에 맞게 써 보세요.

1. 나는 빵을 먹었다.

   了 / 我 / 面包 / 吃

   _____

2. 그녀는 옷을 샀다.

   她 / 衣服 / 了 / 买

   _____

3. 나는 빵을 먹지 않았다.

   面包 / 吃 / 我 / 没

   _____

4. 그녀는 옷을 사지 않았다.

   买 / 没 / 她 / 衣服

   _____

5. 나는 빵 한 개를 먹었다.

   面包 / 我 / 个 / 了 / 吃 / 一

   _____

1
해석: 我吃面包了。 워 칙 미앤빠오 러. Wǒ chī miànbāo le. 나는 빵을 먹었다.
해설: 我(나) 吃(먹다) 面包(빵) 了(완료의 조사)
기본 문장 구조에 맞게 '주어+술어+목적어'의 순서로 쓰고, 완료를 나타내는 '了'는 문장 맨 뒤에 쓴다.
이 문장의 올바른 어순은 '주어+술어+목적어+了'이다.

2
해석: 她买衣服了。 타 마이 이푸 러. Tā mǎi yīfu le. 그녀는 옷을 샀다.
해설: 她(그녀) 买(사다) 衣服(옷) 了(완료의 조사)
기본 문장 구조에 맞게 '주어+술어+목적어'의 순서로 쓰고, 완료를 나타내는 '了'는 문장 맨 뒤에 쓴다.
이 문장의 올바른 어순은 '주어+술어+목적어+了'이다

3
해석: 我没吃面包。 워 메이 칙 미앤빠오. Wǒ méi chī miànbāo. 나는 빵을 먹지 않았다.
해설: 我(나) 没(완료의 부정부사) 吃(먹다) 面包(빵)
기본 문장 구조에 맞게 '주어+술어+목적어'의 순서로 쓰고, 완료의 부정을 나타내는 '没'는 술어인 '吃'의 앞에 쓴다.
이 문장의 올바른 어순은 '주어+没+술어+목적어'이다.

4
해석: 她没买衣服。 타 메이 마이 이푸. Tā méi mǎi yīfu. 그녀는 옷을 사지 않았다.
해설: 她(그녀) 没(완료의 부정부사) 买(사다) 衣服(옷)
기본 문장 구조에 맞게 '주어+술어+목적어'의 순서로 쓰고, 완료의 부정을 나타내는 '没'는 술어인 '买'의 앞에 쓴다.
이 문장의 올바른 어순은 '주어+没+술어+목적어'이다.

5
해석: 我吃了一个面包。 워 칙 러 이 꺼 미앤빠오. Wǒ chī le yí ge miànbāo. 나는 빵 한 개를 먹었다.
해설: 我(나) 吃(먹다) 了(완료의 조사) 一个(한 개) 面包(빵)
기본 문장 구조에 맞게 '주어+술어+목적어'의 순서로 쓰고, 목적어가 수량구로 수식을 받으면 완료를 나타내는 '了'를 동사 뒤에 쓴다. 이 문장의 올바른 어순은 '주어+술어+了+수량구+목적어'이다.

마법처럼 풀리는 **마풀중국어**

2강

핵심 포인트
상황의 변화는 문장 맨 뒤에 了를 써서 표현한다.

문장 뒤 了
주＋술＋목 了
형용사 了
시간/날씨/계절 了

01 문장 뒤 了

문장 성분에 유의하여 우리말을 중국어로 바꿔 써 보세요.

문장 뒤 了

我有男朋友了。

워 요우 난펑요우 러.
Wǒ yǒu nánpéngyou le.

나는 남자친구가 생겼다.

문장 뒤 了

她今年三十岁了。

타 찐니앤 싼스 쑤에이 러.
Tā jīnnián sānshí suì le.

그녀는 올해 30살이 되었다.

02 주+술+목 了

문장 뒤 了

书包没有了。

슈빠오 메이요우 러.
Shūbāo méiyǒu le.

책가방이 없어졌다.

문장 뒤 了

手机坏了。

쇼우찌 후아이 러.
Shǒujī huài le.

휴대폰이 고장 났다.

03 형용사 了

문장 성분에 유의하여 우리말을 중국어로 바꿔 써 보세요.

형용사 了

漂亮了。

피아오리앙 러.
Piàoliang le.

예뻐졌다.

형용사 了

胖了。

팡 러.
Pàng le.

살이 쪘다.

형용사 了

我饿了。

워 어 러.
Wǒ è le.

나는 배고파졌다.

형용사 了

他更帅了。

타 껑 슈아이 러.
Tā gèng shuài le.

그는 더 잘생겨졌다.

04 시간/날씨/계절 了

문장 성분에 유의하여 우리말을 중국어로 바꿔 써 보세요.

시간 / 날씨 / 계절 了

春天了。

츈티앤 러.
Chūntiān le.

봄이 되었다.

_____

시간 / 날씨 / 계절 了

十二点了。

싀 얼 띠앤 러.
Shí èr diǎn le.

12시가 되었다.

_____

시간 / 날씨 / 계절 了

下雨了。

씨아위 러.
Xiàyǔ le.

비가 온다.

_____

시간 / 날씨 / 계절 了

夏天了。

씨아티앤 러.
Xiàtiān le.

여름이 되었다.

_____

확인 문제 주어진 단어를 어순에 맞게 써 보세요.

1. 그녀는 올해 30살이 되었다.

   她 / 了 / 三十 / 今年 / 岁

   _____

2. 책가방이 없어졌다.

   没 / 了 / 书包 / 有

   _____

3. 휴대폰이 고장 났다.

   坏 / 手机 / 了

   _____

4. 나는 배고파졌다.

   了 / 饿 / 我

   _____

5. 그는 더 잘생겨졌다.

   了 / 他 / 帅 / 更

   _____

1
해석: 她今年三十岁了。타 찐니앤 싼싀 쑤에이 러. Tā jīnnián sānshí suì le. 그녀는 올해 30살이 되었다.
해설: 她(그녀) 今年(올해) 三十岁(30살) 了(변화의 어기조사)
　　　상황의 변화를 나타내는 '了'는 문장 맨 뒤에 쓴다.

2
해석: 书包没有了。슈빠오 메이요우 러. Shūbāo méiyǒu le. 책가방이 없어졌다.
해설: 书包(책가방) 没有(없다) 了(변화의 어기조사)
　　　상황의 변화를 나타내는 '了'는 문장 맨 뒤에 쓴다.

3
해석: 手机坏了。쇼우찌 후아이 러. Shǒujī huài le. 휴대폰이 고장 났다.
해설: 手机(휴대폰) 坏(고장나다) 了(변화의 어기조사)
　　　상황의 변화를 나타내는 '了'는 문장 맨 뒤에 쓴다.

4
해석: 我饿了。워 어 러. Wǒ è le. 나는 배고파졌다.
해설: 我(나) 饿(배고프다) 了(변화의 어기조사)
　　　상황의 변화를 나타내는 '了'는 문장 맨 뒤에 쓴다.

5
해석: 他更帅了。타 껑 슈아이 러. Tā gèng shuài le. 그는 더 잘생겨졌다.
해설: 他(그) 更(더) 帅(잘생기다) 了(변화의 어기조사)
　　　'더욱'을 의미하는 '更'은 술어의 앞에 쓰고, 상황의 변화를 나타내는 '了'는 문장 맨 뒤에 쓴다.

01 주어 동사 过 목적어

 문장 성분에 유의하여 우리말을 중국어로 바꿔 써 보세요.

주어 동사 过 목적어

我去过英国。

워 취 꾸어 잉꾸어.
Wǒ qù guo Yīngguó.

나는 영국에 가본 적이 있다.

_____

주어 동사 过 목적어

我吃过火锅。

워 츼 꾸어 후어꾸어.
Wǒ chī guo huǒguō.

나는 훠궈를 먹어본 적이 있다.

_____

주어 동사 过 목적어

我见过她。

워 찌앤 꾸어 타.
Wǒ jiàn guo tā.

나는 그녀를 만난 적이 있다.

_____

02 주어 没 동사 过 목적어

 문장 성분에 유의하여 우리말을 중국어로 바꿔 써 보세요.

주어 没 동사 过 목적어

我没去过英国。

워 메이 취 꾸어 잉꾸어.
Wǒ méi qù guo Yīngguó.

나는 영국에 가본 적이 없다.

_____

주어 没 동사 过 목적어

我没吃过火锅。

워 메이 츠 꾸어 후어꾸어
Wǒ méi chī guo huǒguō.

나는 훠궈를 먹어본 적이 없다.

_____

주어 没 동사 过 목적어

我没见过她。

워 메이 찌앤 꾸어 타.
Wǒ méi jiàn guo tā.

나는 그녀를 만난 적이 없다.

_____

확인 문제 주어진 단어를 어순에 맞게 써 보세요.

1. 나는 영국에 가본 적이 있다.

   英国 / 去 / 我 / 过

   _____

2. 나는 훠궈를 먹어본 적이 있다.

   我 / 火锅 / 过 / 吃

   _____

3. 나는 그녀를 만난 적이 있다.

   见 / 我 / 她 / 过

   _____

4. 나는 영국에 가본 적이 없다.

   去 / 我 / 英国 / 没 / 过

   _____

5. 나는 그녀를 만난 적이 없다.

   她 / 我 / 见 / 过 / 没

   _____

1

해석: 我去过英国。 워 취 꾸어 잉꾸어. Wǒ qù guo Yīngguó. 나는 영국에 가본 적이 있다.
해설: 我 (나) 去(가다) 过(경험의 조사) 英国(영국)
　　　기본 문장 구조에 맞게 '주어+술어+목적어'의 순서로 쓰고, 과거의 경험을 나타내는 '过'는 동사 뒤에 쓴다.
　　　이 문장의 올바른 어순은 '주어+술어+过+목적어'이다.

2

해석: 我吃过火锅。 워 칙 꾸어 후어꾸어. Wǒ chī guo huǒguō. 나는 훠궈를 먹어본 적이 있다.
해설: 我 (나) 吃(먹다) 过(경험의 조사) 火锅(훠궈)
　　　기본 문장 구조에 맞게 '주어+술어+목적어'의 순서로 쓰고, 과거의 경험을 나타내는 '过'는 동사 뒤에 쓴다.
　　　이 문장의 올바른 어순은 '주어+술어+过+목적어'이다.

3

해석: 我见过她。 워 찌앤 꾸어 타. Wǒ jiàn guo tā. 나는 그녀를 만난 적이 있다.
해설: 我 (나) 见(만나다) 过(경험의 조사) 她(그녀)
　　　기본 문장 구조에 맞게 '주어+술어+목적어'의 순서로 쓰고, 과거의 경험을 나타내는 '过'는 동사 뒤에 쓴다.
　　　이 문장의 올바른 어순은 '주어+술어+过+목적어'이다.

4

해석: 我没去过英国。 워 메이 취 꾸어 잉꾸어. Wǒ méi qù guo Yīngguó. 나는 영국에 가본 적이 없다.
해설: 我 (나) 没(경험의 부정부사) 去(만나다) 过(경험의 조사) 英国(영국)
　　　기본 문장 구조에 맞게 '주어+술어+목적어'의 순서로 쓰고, 과거의 경험을 나타내는 '过'는 동사 뒤에,
　　　부정을 나타내는 '没'는 동사 앞에 쓴다. 이 문장의 올바른 어순은 '주어+没+술어+过+목적어'이다.

5

해석: 我没见过她。 워 메이 찌앤 꾸어 타. Wǒ méi jiàn guo tā. 나는 그녀를 만난 적이 없다.
해설: 我 (나) 没 (경험의 부정부사) 见(만나다) 过(경험의 조사) 她(그녀)
　　　기본 문장 구조에 맞게 '주어+술어+목적어'의 순서로 쓰고, 과거의 경험을 나타내는 '过'는 동사 뒤에,
　　　부정을 나타내는 '没'는 동사 앞에 쓴다. 이 문장의 올바른 어순은 '주어+没+술어+过+목적어'이다.

Memo

마법처럼 풀리는 **마풀중국어**

4강

핵심 포인트

동작의 지속은 동사 뒤에 着를 붙여서 표현하고, 没로 부정한다.

주어 동사 着 목적어

01 주어 동사 着 목적어

문장 성분에 유의하여 우리말을 중국어로 바꿔 써 보세요.

주어 동사 着 목적어
门开着。
먼 카이 쩌.
Mén kāi zhe.

문이 열려 있다.

주어 동사 着 목적어
一本书放着。
이 뻔 슈 팡 쩌.
Yì běn shū fàng zhe.

책 한 권이 놓여 있다.

주어 동사 着 목적어
学生坐着。
쉬에셩 쭈어 쩌.
Xuésheng zuò zhe.

학생이 앉아 있다.

동사 着 동사 목적어
坐着看书。
쭈어 쩌 칸 슈.
Zuò zhe kàn shū.

앉아서 책을 본다.

문장 성분에 유의하여 우리말을 중국어로 바꿔 써 보세요.

동사 着 동사 목적어

我躺着看电视。

워 탕 쪄 칸 띠앤싀.
Wǒ tǎng zhe kàn diànshì.

나는 누워서 TV를 본다.

_____

동사 着 동사 목적어

他站着讲课。

타 짠 쪄 찌앙커.
Tā zhàn zhe jiǎngkè.

그는 서서 강의를 한다.

_____

동사 着 동사 목적어

그녀들은 앉아서 수다를 떤다.

她们坐着聊天。

타먼 쭈어 쪄 리아오티앤.
Tāmen zuò zhe liáotiān.

그녀들은 앉아서 수다를 떤다.

_____

확인 문제 주어진 단어를 어순에 맞게 써 보세요.

1. 책 한 권이 놓여 있다.

    书 / 一 / 放 / 本 / 着

    _____

2. 학생이 앉아 있다.

    坐 / 学生 / 着

    _____

3. 나는 누워서 TV를 본다.

    电视 / 看 / 躺 / 着 / 我

    _____

4. 그는 서서 강의를 한다.

    讲课 / 站 / 着 / 他

    _____

5. 그녀들은 앉아서 수다를 떤다.

    坐 / 聊天 / 她们 / 着

    _____

1
해석: 一本书放着。 이 뻔 슈 팡 쩌. Yì běn shū fàng zhe. 책 한 권이 놓여 있다.
해설: 一(하나) 本(권) 书(책) 放(놓다) 着(지속의 조사)
주어인 '책 한 권'은 '수사+양사+명사'의 순서로 '一本书'로 표현하고, 술어 '放' 뒤에 지속을 나타내는 '着'를 쓴다.

2
해석: 学生坐着。 쉬에성 쭈어 쩌. Xuésheng zuò zhe. 학생이 앉아 있다.
해설: 学生(학생) 坐(앉다) 着(지속의 조사)
기본 문장 구조 '주어+술어'의 순서로 쓰고, 동작의 지속을 의미하는 '着'를 동사 '坐'의 뒤에 쓴다.

3
해석: 我躺着看电视。 워 탕 쩌 칸 띠앤싀. Wǒ tǎng zhe kàn diànshì. 나는 누워서 TV를 본다.
해설: 我(나) 躺(눕다) 着(지속의 조사) 看(보다) 电视(TV)
이 문장에서 동사는 '躺'과 '看'이다. '누워서'라는 의미의 동사 '躺'의 뒤에 지속을 나타내는 '着'를 쓰고,
그 뒤에 'TV를 본다'의 뜻을 가진 '看电视'를 쓴다. 이 문장의 올바른 어순은 '주어+술어1+着+술어2+목적어'이다.

4
해석: 他站着讲课。 타 쨘 쩌 찌앙커. Tā zhàn zhe jiǎngkè. 그는 서서 강의를 한다.
해설: 他(그) 站(서다) 着(지속의 조사) 讲课(강의하다)
이 문장에서 동사는 '站'과 '讲课'이다. '서서'라는 의미의 동사 '站'의 뒤에 지속을 나타내는 '着'를 쓰고,
그 뒤에 '강의를 한다'는 뜻을 가진 '讲课'를 쓴다. 이 문장의 올바른 어순은 '주어+술어1+着+술어2+목적어'이다.

5
해석: 她们坐着聊天。 타먼 쭈어 쩌 리아오티앤. Tāmen zuò zhe liáotiān. 그녀들은 앉아서 수다를 떤다.
해설: 她们(그녀들) 坐(앉다) 着(지속의 조사) 聊天(수다를 떨다)
이 문장에서 동사는 '坐'와 '聊天'이다. '앉아서'라는 의미의 동사 '坐'의 뒤에 지속을 나타내는 '着'를 쓰고,
그 뒤에 '수다를 떤다'는 뜻을 가진 '聊天'을 쓴다. 이 문장의 올바른 어순은 '주어+술어1+着+술어2+목적어'이다.

Memo

마법처럼 풀리는 **마풀중국어**

5강

핵심 포인트

'~해야 한다'라는 당위 표현은
동사 앞에 *应该/得*를 써서 표현한다.

주어 *应该* 동사 목적어
주어 *得* 동사 목적어

01 주어 应该 동사 목적어

 문장 성분에 유의하여 우리말을 중국어로 바꿔 써 보세요.

주어 应该 동사 목적어

我应该减肥。

워 잉까이 찌앤페이.
Wǒ yīnggāi jiǎnféi.

나는 살 빼야만 해.

_____

주어 应该 동사 목적어

我应该做作业。

워 잉까이 쭈어 쭈어예.
Wǒ yīnggāi zuò zuòyè.

나는 숙제를 해야만 해.

_____

주어 应该 동사 목적어

他今天应该回来。

타 찐티앤 잉까이 후에이 라이.
Tā jīntiān yīnggāi huí lái.

그는 오늘 돌아와야만 해.

_____

02 주어 得 동사 목적어

문장 성분에 유의하여 우리말을 중국어로 바꿔 써 보세요.

주어 得 동사 목적어

我得吃药。

워 떼이 츼 야오.
Wǒ děi chī yào.

나 약 먹어야 해.

주어 得 동사 목적어

我得回家。

워 떼이 후에이찌아.
Wǒ děi huíjiā.

나는 집에 가야 해.

주어 得 동사 목적어

我得去医院。

워 떼이 취 이위앤.
Wǒ děi qù yīyuàn.

나는 병원에 가야 해.

주어 得 동사 목적어

我得马上走。

워 떼이 마샹 쪼우.
Wǒ děi mǎshàng zǒu.

나는 곧 가야만 해.

확인 문제 주어진 단어를 어순에 맞게 써 보세요.

1. 그는 오늘 돌아와야만 해.

   回 / 来 / 应该 / 今天 / 他

   _____

2. 나는 곧 가야만 해.

   马上 / 得 / 我 / 走

   _____

1
해석: 他今天应该回来。 타 찐티앤 잉까이 후에이 라이. Tā jīntiān yīnggāi huí lái. 그는 오늘 돌아와야만 해.
해설: 他(그) 今天(오늘) 应该(~해야 한다) 回(돌아오(가)다) 来(오다)
기본 문장 구조에 맞게 '주어+술어+목적어'의 순서로 쓰고, '~해야 한다'라는 뜻의 '应该'는 동사 앞에 쓴다.
이 때, '오늘'을 나타내는 '今天'은 주어의 앞이나 뒤에 쓴다. 이 문장의 올바른 어순은 '주어+今天+应该+술어+목적어'이다.

2
해석: 我得马上走。 워 떼이 마샹 쪼우. Wǒ děi mǎshàng zǒu. 나는 곧 가야만 해.
해설: 我(나) 得(~해야 한다) 马上(곧) 走(가다)
'马上走'는 '곧 간다'라는 뜻이고, '곧 가야한다'라고 쓰기 위해서는 '得'를 '马上走'의 앞에 써야 한다.
이 문장의 올바른 어순은 '주어+得+马上+술어'이다.

마법처럼 풀리는 **마풀중국어**

6강

핵심 포인트

사람을 묻는 의문대명사 谁는 '누구'을 의미하고,
'~와'라는 뜻의 전치사 跟은 일반적으로
사람과 함께 표현

의문대명사 谁
전치사 跟
跟 사람 一起

01 의문대명사 谁

문장 성분에 유의하여 우리말을 중국어로 바꿔 써 보세요.

의문대명사 谁

他是谁?

타 싀 셰이?
Tā shì shéi?

그는 누구입니까?

의문대명사 谁

谁吃了?

셰이 츠 러?
Shéi chī le?

누가 먹었니?

의문대명사 谁

她是谁的朋友?

타 싀 셰이 떠 펑요우?
Tā shì shéi de péngyou?

그녀는 누구의 친구입니까?

의문대명사 谁

这是谁的手机?

쩌 싀 셰이 떠 쇼우찌?
Zhè shì shéi de shǒujī?

이것은 누구의 휴대폰입니까?

 **전치사 跟**

 문장 성분에 유의하여 우리말을 중국어로 바꿔 써 보세요.

跟 사람

我跟妈妈喝咖啡。

워 껀 마마 허 카페이.
Wǒ gēn māma hē kāfēi.

나는 엄마와 커피를 마신다.

_____

她跟谁买衣服?

타 껀 셰이 마이 이푸?
Tā gēn shéi mǎi yīfu?

A: 그는 누구와 옷을 삽니까?

_____

她跟谁买衣服?

她跟朋友买衣服。

타 껀 펑요우 마이 이푸.
Tā gēn péngyou mǎi yīfu.

B: 그녀는 친구와 옷을 삽니다.

_____

문장 성분에 유의하여 우리말을 중국어로 바꿔 써 보세요.

他跟谁去中国?

타 껀 셰이 취 쫑꾸어?
Tā gēn shéi qù Zhōngguó?

A: 그는 누구와 중국에 갑니까?

_____

他跟谁去中国?

他跟弟弟去中国。

타 껀 띠띠 취 쫑꾸어.
Tā gēn dìdi qù Zhōngguó.

B: 그는 남동생과 중국에 간다.

_____

你跟谁看电影了?

니 껀 셰이 칸 띠앤잉 러?
Nǐ gēn shéi kàn diànyǐng le?

A: 당신은 누구와 영화를 봤나요?

_____

你跟谁看电影了?

我跟妹妹看电影了。

워 껀 메이메이 칸 띠앤잉 러.
Wǒ gēn mèimei kàn diànyǐng le.

B: 나는 여동생과 영화를 봤어요.

_____

03 跟 사람 一起

문장 성분에 유의하여 우리말을 중국어로 바꿔 써 보세요.

跟 사람 一起

我跟妈妈一起喝咖啡。

워 껀 마마 이치 허 카페이.
Wǒ gēn māma yìqǐ hē kāfēi.

나는 엄마와 함께 커피를 마신다.

_____

她跟谁一起买衣服？

타 껀 셰이 이치 마이 이푸?
Tā gēn shéi yìqǐ mǎi yīfu?

A: 그는 누구와 옷을 삽니까?

_____

她跟谁一起买衣服？

她跟朋友一起买衣服。

타 껀 펑요우 이치 마이 이푸.
Tā gēn péngyou yìqǐ mǎi yīfu.

B: 그녀는 친구와 옷을 삽니다.

_____

문장 성분에 유의하여 우리말을 중국어로 바꿔 써 보세요.

他跟谁一起去中国?

타 껀 셰이 이치 취 쫑꾸어?
Tā gēn shéi yìqǐ qù Zhōngguó?

A: 그는 누구와 함께 중국에 갑니까?

___

他跟谁一起去中国?

他跟弟弟一起去中国。

타 껀 띠디 이치 취 쫑꾸어.
Tā gēn dìdi yìqǐ qù Zhōngguó.

B: 그는 남동생과 함께 중국에 간다.

___

你跟谁一起看电影了?

니 껀 셰이 이치 칸 띠앤잉 러?
Tā gēn shéi yìqǐ kàn diànyǐng le?

A: 당신은 누구와 함께 영화를 봤나요?

___

你跟谁一起看电影了?

你跟妹妹一起看电影了。

워 껀 메이메이 이치 칸 띠앤잉 러.
Wǒ gēn mèimei yìqǐ kàn diànyǐng le.

B: 나는 여동생과 함께 영화를 봤어요.

___

| 확인 문제 | 주어진 단어를 어순에 맞게 써 보세요.

1. 누가 먹었니?

   吃 / 了 / 谁

   _____

2. 당신은 누구와 영화를 봤나요?

   看 / 电影 / 你 / 谁 / 了 / 跟

   _____

3. 그는 누구와 함께 중국에 갑니까?

   他 / 去 / 一起 / 中国 / 谁 / 跟

   _____

4. 나는 여동생과 함께 영화를 봤어요.

   电影 / 一起 / 我 / 看 / 妹妹 / 了 / 跟

   _____

1

해석: 谁吃了? 셰이 칰 러? Shéi chī le? 누가 먹었니?
해설: 谁(누가) 吃(먹다) 了(완료의 조사)
　　　'谁'는 주어인 사람을 묻는 의문대명사이기 때문에 '주어+술어+了'의 어순에서 주어 자리에 위치한다.

2

해석: 你跟谁看电影了? 니 껀 셰이 칸 띠앤잉 러? Nǐ gēn shéi kàn diànyǐng le? 당신은 누구와 영화를 봤나요?
해설: 你(너) 跟(~와) 谁(누가) 看(보다) 电影(영화) 了(완료의 조사)
　　　'跟'은 '~와'라는 뜻으로 사람과 함께 술어 앞에 쓰고, '谁'는 사람을 묻는 의문사이기 때문에, 이 문장의 올바른 어순은 '주어+跟+谁+술어+목적어+了?'이다.

3

해석: 他跟谁一起去中国? 타 껀 셰이 이치 취 쭝꾸어? Tā gēn shéi yìqǐ qù Zhōngguó? 그는 누구와 함께 중국에 갑니까?
해설: 他(그) 跟(~와) 谁(누가) 一起(함께) 去(가다) 中国(중국) 了(완료의 조사)
　　　'跟'은 '~와'라는 뜻으로 사람과 함께 술어 앞에 쓰고, 일반적으로 '~와 함께'라는 뜻으로 '跟+사람+一起'로 표현한다.
　　　이 때, 사람을 묻는 의문대명사 '谁'는 사람이 들어가는 자리에 넣어서 표현한다.
　　　이 문장의 올바른 어순은 '주어+跟+谁+一起+술어+목적어+了?'이다.

4

해석: 我跟妹妹一起看电影了。 워 껀 메이메이 이치 칸 띠앤잉 러. Wǒ gēn mèimei yìqǐ kàn diànyǐng le.
　　　나는 여동생과 함께 영화를 봤어요.
해설: 我(나) 跟(~와) 妹妹(여동생) 一起(함께) 看(보다) 电影(영화) 了(완료의 조사)
　　　'跟'은 '~와'라는 뜻으로 사람과 함께 술어 앞에 쓰고, 일반적으로 '~와 함께'라는 뜻으로 '跟+사람+一起'로 표현한다.
　　　이 때, '여동생'을 의미하는 '妹妹'는 사람이 들어가는 자리에 넣어서 표현한다.
　　　이 문장의 올바른 어순은 '주어+跟+사람+一起+술어+목적어+了'이다.

마법처럼 풀리는 **마풀중국어**

7강

핵심 포인트

시간을 묻는 의문대명사 什么时候는 '언제'를 의미한다.

什么时候 술어

01 什么时候 술어

 문장 성분에 유의하여 우리말을 중국어로 바꿔 써 보세요.

의문대명사 什么时候

什么时候出发?

션머 스호우 츄파?
Shénme shíhou chūfā?

언제 출발해요?

_____

他什么时候来?

타 션머 스호우 라이?
Tā shénme shíhou lái?

他什么时候来?

他明天来。

타 밍티앤 라이.
Tā míngtiān lái.

A: 그는 언제 오나요?

_____

B: 그는 내일 옵니다

_____

문장 성분에 유의하여 우리말을 중국어로 바꿔 써 보세요.

她什么时候去了?

타 션머 스호우 취 러?
Tā shénme shíhou qù le?

A: 그녀는 언제 갔나요?

_____

她什么时候去了?

她昨天去了。

타 쭈어티앤 취 러.
Tā zuótiān qù le.

B: 그녀는 어제 갔어요.

_____

你什么时候下班?

니 션머 스호우 씨아빤?
Nǐ shénme shíhou xiàbān?

A: 당신 언제 퇴근해요?

_____

你什么时候下班?

我晚上六点下班。

워 완샹 리요우 띠앤 씨아빤.
Wǒ wǎnshang liù diǎn xiàbān.

B: 나 저녁 6시에 퇴근해요.

_____

초급_문장 | 111

확인 문제 주어진 단어를 어순에 맞게 써 보세요.

1. 언제 출발해요?

   出发 / 什么 / 时候

   _____

2. 그는 언제 오나요?

   来 / 他 / 时候 / 什么

   _____

3. 그는 내일 옵니다.

   他 / 明天 / 来

   _____

4. 그녀는 언제 갔나요?

   去 / 时候 / 什么 / 了 / 她

   _____

확인 문제 주어진 단어를 어순에 맞게 써 보세요.

5. 그녀는 어제 갔어요.

去 / 了 / 昨天 / 她

_____

6. 당신 언제 퇴근해요?

下班 / 你 / 时候 / 什么

_____

1
해석: 什么时候出发? 션머 스호우 츄파? Shénme shíhou chūfā? 언제 출발해요?
해설: 什么时候(언제) 出发(출발하다)
기본 문장 구조는 '주어+술어'의 순서로 쓰고, 시간을 묻는 의문대명사 '什么时候'는 주어 뒤에 쓴다.
이 문장에는 주어가 없기 때문에 올바른 어순은 '什么时候+술어'이다.

2
해석: 他什么时候来? 타 션머 스호우 라이? Tā shénme shíhou lái? 그는 언제 오나요?
해설: 他(그) 什么时候(언제) 来(오다)
기본 문장 구조에 맞게 '주어+술어'의 순서로 쓰고, 시간을 묻는 의문대명사 '什么时候'는 주어 뒤에 쓴다.
이 문장의 올바른 어순은 '주어+什么时候+술어'이다.

3
해석: 他明天来。 타 밍티앤 라이. Tā míngtiān lái. 그는 내일 옵니다.
해설: 他(그) 明天(내일) 来(오다)
기본 문장 구조에 맞게 '주어+술어'의 순서로 쓰고, '내일'을 의미하는 '明天'은 주어 뒤에 쓴다.
이 문장의 올바른 어순은 '주어+시간명사+술어'이다.

4
해석: 她什么时候去了? 타 션머 스호우 취 러? Tā shénme shíhou qù le? 그녀는 언제 갔나요?
해설: 她(그녀) 什么时候(언제) 去(가다) 了(완료의 조사)
기본 문장 구조에 맞게 '주어+술어'의 순서로 쓰고, 시간을 묻는 의문대명사 '什么时候'는 주어 뒤에 쓴다.
이 때, 완료를 의미하는 '了'는 문장 맨 뒤에 쓴다. 이 문장의 올바른 어순은 '주어+什么时候+술어+了'이다.

5
해석: 她昨天去了。 타 쭈어티앤 취 러. Tā zuótiān qù le. 그녀는 어제 갔어요.
해설: 她(그녀) 昨天(어제) 去(가다) 了(완료의 조사)
기본 문장 구조에 맞게 '주어+술어'의 순서로 쓰고, '어제'를 의미하는 '昨天'은 주어 뒤에 쓴다.
이 때, 완료를 의미하는 '了'는 문장 맨 뒤에 쓴다. 이 문장의 올바른 어순은 '주어+昨天+술어+了'이다.

6
해석: 你什么时候下班? 니 션머 스호우 씨아빤? Nǐ shénme shíhou xiàbān? 당신 언제 퇴근해요?
해설: 你(당신) 什么时候(언제) 下班(퇴근하다)
기본 문장 구조에 맞게 '주어+술어'의 순서로 쓰고, 시간을 묻는 의문대명사 '什么时候'는 주어 뒤에 쓴다.
이 문장의 올바른 어순은 '주어+什么时候+술어'이다.

마법처럼 풀리는 **마풀중국어**

8강

핵심 포인트

시간부사 已经은 '이미, 벌써', 还는 '아직'이라는 뜻으로 일반적으로 술어 앞에 쓴다.

주어 已经 동사 목적어
주어 还 没/不 동사 목적어

01 주어 已经 동사 목적어

📝 문장 성분에 유의하여 우리말을 중국어로 바꿔 써 보세요.

주어 已经 동사 목적어

我已经吃饭了。

🔊 워 이찡 츼 판 러.
Wǒ yǐjing chī fàn le.

나 이미 밥 먹었어.

주어 已经 동사 목적어

我已经喝咖啡了。

🔊 워 이찡 허 카페이 러.
Wǒ yǐjing hē kāfēi le.

나는 이미 커피를 마셨다.

주어 已经 동사 목적어

他已经结婚了。

🔊 타 이찡 찌에훈 러.
Tā yǐjing jiéhūn le.

그는 이미 결혼했다.

주어 已经 동사 목적어

她已经去过中国。

🔊 타 이찡 취 꾸어 쫑꾸어.
Tā yǐjing qù guo Zhōngguó.

그녀는 이미 중국에 가본 적이 있다.

 **주어 还没/不 동사 목적어**

 문장 성분에 유의하여 우리말을 중국어로 바꿔 써 보세요.

주어 还没/不 동사 목적어

我还没吃饭。

워 하이 메이 츠 판.
Wǒ hái méi chī fàn.

나 아직 밥 안 먹었어.

주어 还没/不 동사 목적어

他还没回来。

타 하이 메이 후에이라이.
Tā hái méi huílái.

그는 아직 돌아오지 않았어.

주어 还没/不 동사 목적어

我哥哥还没结婚。

워 꺼꺼 하이 메이 찌에훈.
Wǒ gēge hái méi jiéhūn.

우리 오빠는 아직 결혼 안 했어.

주어 还没/不 동사 목적어

他还不知道。

타 하이 뿌 쯔따오.
Tā hái bù zhīdào.

그녀는 아직 몰라.

확인 문제 주어진 단어를 어순에 맞게 써 보세요.

1. 나 이미 밥 먹었어.

　　饭 / 我 / 吃 / 已经 / 了

　　_____

2. 그녀는 이미 중국에 가본 적이 있다.

　　她 / 中国 / 去 / 已经 / 过

　　_____

3. 그는 아직 돌아오지 않았어.

　　他 / 没 / 还 / 来 / 回

　　_____

4. 우리 오빠는 아직 결혼 안 했어.

　　没 / 我 / 还 / 结婚 / 哥哥

　　_____

5. 그녀는 아직 몰라.

　　还 / 她 / 知道 / 不

　　_____

1

해석: 我已经吃饭了。워 이찡 츠 판 러. Wǒ yǐjing chī fàn le. 나 이미 밥 먹었어.
해설: 我(나) 已经(이미) 吃(먹다) 饭(빵) 了(완료의 조사)
　　　기본 문장 구조에 맞게 '주어+술어+목적어'의 순서로 쓰고, '이미'라는 뜻의 '已经'은 술어 앞에, 완료를 나타내는 '了'는 문장 맨 뒤에 쓴다. 이 문장의 올바른 어순은 '주어+已经+술어+목적어+了'이다.

2

해석: 她已经去过中国. 타 이찡 취 꾸어 쫑꾸어. Tā yǐjing qù guo Zhōngguó. 그녀는 이미 중국에 가본 적이 있다.
해설: 她(그녀) 已经(이미) 去(가다) 过(경험의 조사) 中国(중국)
　　　기본 문장 구조에 맞게 '주어+술어+목적어'의 순서로 쓰고, '이미'라는 뜻의 '已经'은 술어 앞에, 경험을 나타내는 '过'는 동사 뒤에 쓴다. 이 문장의 올바른 어순은 '주어+已经+술어+过+목적어'이다.

3

해석: 他还没回来。타 하이 메이 후에이 라이. Tā hái méi huí lái. 그는 아직 돌아오지 않았어.
해설: 他(그) 还(아직) 没(~않았다) 回(돌아오(가)다) 来(오다)
　　　기본 문장 구조에 맞게 '주어+술어+목적어'의 순서로 쓰고, '아직'이라는 뜻의 '还'는 부정부사 '没'와 함께 술어인 앞에 쓴다. 이 문장의 올바른 어순은 '주어+还+没+술어+목적어'이다.

4

해석: 我哥哥还没结婚。워 꺼꺼 하이 메이 찌에훈. Wǒ gēge hái méi jiéhūn. 우리 오빠는 아직 결혼 안 했어.
해설: 我哥哥(우리 오빠) 还(아직) 没(~않았다) 结婚(결혼하다)
　　　기본 문장 구조에 맞게 '주어+술어+목적어'의 순서로 쓰고, '아직'이라는 뜻의 '还'는 부정부사 '没'와 함께 술어 앞에 쓴다. 이 문장의 올바른 어순은 '주어+还+没+술어+목적어'이다.

5

해석: 她还不知道。타 하이 뿌 찌따오. Tā hái bù zhīdào. 그녀는 아직 몰라.
해설: 她(그녀) 还(아직) 不知道(모르다)
　　　기본 문장 구조에 맞게 '주어+술어+목적어'의 순서로 쓰고, '아직'이라는 뜻의 '还'는 부정부사 '不'와 함께 술어 앞에 쓴다. 이 문장의 올바른 어순은 '주어+还+不+술어+목적어'이다.

Memo

마법처럼 풀리는 **마풀중국어**

9강

핵심 포인트

전치사 比는 '~보다', 没有는 '~만큼 ~않다'라는 뜻으로 비교대상과 함께 비교 표현으로 쓰인다.

주어 比 비교대상 更 술어
주어 没有 비교대상 술어
주어 没有 비교대상 那么 술어

01 주어 比 비교대상 更 술어

문장 성분에 유의하여 우리말을 중국어로 바꿔 써 보세요.

주어 比 비교대상 술어

我比他胖。

워 삐 타 팡.
Wǒ bǐ tā pàng.

나는 그보다 뚱뚱하다.

_____

주어 比 비교대상 更 술어

我比你更瘦。

워 삐 니 껑 쇼우.
Wǒ bǐ nǐ gèng shòu.

내가 너보다 더 날씬해.

_____

주어 比 비교대상 更 술어

妈妈比她更漂亮。

마마 삐 타 껑 피아오리앙.
Māma bǐ tā gèng piàoliang.

엄마가 그녀보다 더 예쁘다.

_____

 **02 주어 没有 비교대상 술어**

 문장 성분에 유의하여 우리말을 중국어로 바꿔 써 보세요.

주어 没有 비교대상 술어

我没有他高。

워 메이요우 타 까오.
Wǒ méiyǒu tā gāo.

나는 그만큼 키가 크지 않다.

_____

주어 没有 비교대상 술어

我的成绩没有他好。

워 떠 청찌 메이요우 타 하오.
Wǒ de chéngjì méiyǒu tā hǎo.

나의 성적은 그만큼 좋지 않다.

_____

주어 没有 비교대상 술어

汉语没有英语难。

한위 메이요우 잉위 난.
Hànyǔ méiyǒu yīngyǔ nán.

중국어는 영어만큼 어렵지 않다.

_____

초급_문장 | 123

03 주어 没有 비교대상 那么 술어

문장 성분에 유의하여 우리말을 중국어로 바꿔 써 보세요.

주어 没有 비교대상 那么 술어

今天没有昨天那么热。

찐티앤 메이요우 쭈어티앤 나머 뤄.
Jīntiān méiyǒu zuótiān nàme rè.

오늘은 어제만큼 그렇게 덥지 않다.

_____

주어 没有 비교대상 那么 술어

火车没有飞机那么快。

후어쳐 메이요우 페이찌 나머 쿠아이.
Huǒchē méiyǒu fēijī nàme kuài.

기차는 비행기만큼 그렇게 빠르지 않다.

_____

주어 没有 비교대상 那么 술어

姐姐没有妹妹那么漂亮。

찌에찌에 메이요우 메이메이 나머 피아오리앙.
Jiějie méiyǒu mèimei nàme piàoliang.

언니는 여동생만큼 그렇게 예쁘지 않다.

_____

확인 문제 주어진 단어를 어순에 맞게 써 보세요.

1. 나는 그보다 뚱뚱하다.

   胖 / 比 / 我 / 他

   _____

2. 엄마가 그녀보다 더 예쁘다.

   更 / 比 / 妈妈 / 她 / 漂亮

   _____

3. 중국어는 영어만큼 어렵지 않다.

   难 / 没有 / 英语 / 汉语

   _____

4. 언니는 여동생만큼 그렇게 예쁘지 않다.

   妹妹 / 没有 / 漂亮 / 汉语 / 那么

   _____

1

해석: 我比他胖。워 삐 타 팡. Wǒ bǐ tā pàng. 나는 그보다 뚱뚱하다.
해설: 我(나) 比(~보다) 他(그) 胖(뚱뚱하다)
'~보다'라는 뜻의 '比'는 비교대상과 함께 주어 뒤에 쓴다. 이 문장의 올바른 어순은 '주어+比+비교대상+술어'이다.

2

해석: 妈妈比她更漂亮。마마 삐 타 껑 피아오리앙. Māma bǐ tā gèng piàoliang. 엄마가 그녀보다 더 예쁘다.
해설: 妈妈(엄마) 比(~보다) 她(그녀) 更(더) 漂亮(예쁘다)
'~보다'라는 뜻의 '比'는 비교대상과 함께 주어 뒤에 쓰고, '더'라는 뜻의 '更'은 술어의 앞에서 술어를 수식한다.
이 문장의 올바른 어순은 '주어+比+비교대상+술어'이다.

3

해석: 汉语没有英语难。한위 메이요우 잉위 난. Hànyǔ méiyǒu yīngyǔ nán. 중국어는 영어만큼 어렵지 않다.
해설: 汉语(중국어) 没有(~만큼 ~않다) 英语(영어) 难(어렵다)
'~만큼 ~않다'라는 뜻의 '没有'는 비교대상과 함께 주어 뒤에 쓴다.
이 문장의 올바른 어순은 '주어+没有+비교대상+술어'이다.

4

해석: 姐姐没有妹妹那么漂亮。찌에찌에 메이요우 메이메이 나머 피아오리앙. Jiějie méiyǒu mèimei nàme piàoliang.
언니는 여동생만큼 그렇게 예쁘지 않다.
해설: 姐姐(언니) 没有(~만큼 ~않다) 妹妹(여동생) 那么(그렇게) 漂亮(예쁘다)
'~만큼 ~않다'라는 뜻의 '没有'는 비교대상과 함께 주어 뒤에 쓰고, '그렇게'라는 뜻의 '那么'는 술어를 수식하므로
술어 앞에 쓴다. 이 문장의 올바른 어순은 '주어+没有+비교대상+那么+술어'이다.

마법처럼 풀리는 **마풀중국어**

10강

핵심 포인트

一样은 '~와 같다'라는 뜻으로
비교대상과 함께 등위 비교표현으로 쓰인다.

주어 跟 비교대상 一样
주어 跟 비교대상 一样 술어

01 주어 跟 비교대상 一样

문장 성분에 유의하여 우리말을 중국어로 바꿔 써 보세요.

주어 跟 비교대상 一样

他的衣服跟我的一样。

타 떠 이푸 껀 워 떠 이양.
Tā de yīfu gēn wǒ de yíyàng.

그의 옷은 내 것과 같다.

___

주어 跟 비교대상 一样

他的爱好跟我一样。

타 떠 아이하오 껀 워 이양.
Tā de àihào gēn wǒ yíyàng.

그의 취미는 나와 같다.

___

주어 跟 비교대상 一样

名牌包的价格跟汽车一样。

밍파이빠오 떠 찌아꺼 껀 치쳐 이양.
Míngpáibāo de jiàgé gēn qìchē yíyàng.

명품백 가격이 자동차와 같다.

___

02 주어 跟 비교대상 一样 술어

문장 성분에 유의하여 우리말을 중국어로 바꿔 써 보세요.

주어 跟 비교대상 一样

她跟我一样高。

타 껀 워 이양 까오.
Tā gēn wǒ yíyàng gāo.

그녀는 나처럼 키가 크다.

_____

주어 跟 비교대상 一样

汉语跟英语一样有意思。

한위 껀 잉위 이양 요우이쓰.
Hànyǔ gēn yīngyǔ yíyàng yǒuyìsi.

중국어는 영어처럼 재미있다.

_____

주어 跟 비교대상 一样

弟弟跟爸爸一样喜欢足球。

띠띠 껀 빠빠 이양 씨후안 쭈치요우.
Dìdi gēn bàba yíyàng xǐhuan zúqiú.

남동생은 아빠처럼 축구를 좋아한다.

_____

확인 문제 주어진 단어를 어순에 맞게 써 보세요.

1. 그의 옷은 내 것과 같다.

   跟 / 衣服 / 他 / 的 / 的 / 一样 / 我

   _____

2. 그의 취미는 나와 같다.

   跟 / 他 / 我 / 的 / 一样 / 爱好

   _____

3. 명품백 가격이 자동차와 같다.

   的 / 一样 / 价格 / 名牌包 / 汽车 / 跟

   _____

4. 그녀는 나처럼 키가 크다.

   她 / 高 / 跟 / 一样 / 我

   _____

확인 문제 주어진 단어를 어순에 맞게 써 보세요.

5. 중국어는 영어처럼 재미있다.

有意思 / 跟 / 英语 / 一样 / 汉语

_____

6. 남동생은 아빠처럼 축구를 좋아한다.

跟 / 爸爸 / 喜欢 / 一样 / 弟弟 / 足球

_____

1

해석: 他的衣服跟我的一样。 타 떠 이푸 껀 워 떠 이양. Tā de yīfu gēn wǒ de yíyàng. 그의 옷은 내 것과 같다.
해설: 他的衣服(그의 옷) 跟(~와) 我的(내 것) 一样(같다)
　　　'같다'라는 뜻의 '一样'은 술어이고, '~와'라는 뜻의 '跟'은 비교대상과 함께 주어 뒤에 쓴다.
　　　이 문장의 올바른 어순은 '주어+跟+비교대상+술어'이다.

2

해석: 他的爱好跟我一样。 타 떠 아이하오 껀 워 이양. Tā de àihào gēn wǒ yíyàng. 그의 취미는 나와 같다.
해설: 他的爱好(그의 취미) 跟(~와) 我(나) 一样(같다)
　　　'같다'라는 뜻의 '一样'은 술어이고, '~와'라는 뜻의 '跟'은 비교대상과 함께 주어 뒤에 쓴다.
　　　이 문장의 올바른 어순은 '주어+跟+비교대상+술어'이다.

3

해석: 名牌包的价格跟汽车一样。 밍파이빠오 떠 찌아꺼 껀 치쳐 이양. Míngpáibāo de jiàgé gēn qìchē yíyàng.
　　　명품백 가격이 자동차와 같다.
해설: 名牌包的价格(명품백 가격) 跟(~와) 汽车(자동차) 一样(같다)
　　　'같다'라는 뜻의 '一样'은 술어이고, '~와'라는 뜻의 '跟'은 비교대상과 함께 주어 뒤에 쓴다.
　　　이 문장의 올바른 어순은 '주어+跟+비교대상+술어'이다.

4

해석: 她跟我一样高。 타 껀 워 이양 까오. Tā gēn wǒ yíyàng gāo. 그녀는 나처럼 키가 크다.
해설: 她(그녀) 跟(~와) 我(나) 一样(같다) 高(키가 크다)
　　　'이 문장에서 '一样'은 '같다'라는 의미이고, '~와 같이'라는 뜻으로 '跟+비교대상+一样'의 형태로 술어 앞에 쓰인다.
　　　술어는 '高'이다. 이 문장의 올바른 어순은 '주어+跟+비교대상+술어'이다.

5

해석: 汉语跟英语一样有意思。 한위 껀 잉위 이양 요우이쓰. Hànyǔ gēn yīngyǔ yíyàng yǒuyìsi. 중국어는 영어처럼 재미있다.
해설: 汉语(중국어) 跟(~와) 英语(영어) 一样(같다) 有意思(재미있다)
　　　'이 문장에서 '一样'은 '같다'라는 의미이고, '~와 같이'라는 뜻으로 '跟+비교대상+一样'의 형태로 술어 앞에 쓰인다.
　　　술어는 '有意思'이다. 이 문장의 올바른 어순은 '주어+跟+비교대상+술어'이다.

6

해석: 弟弟跟爸爸一样喜欢足球。 띠띠 껀 빠빠 이양 씨후안 쭈치요우. Dìdi gēn bàba yíyàng xǐhuan zúqiú.
　　　남동생은 아빠처럼 축구를 좋아한다.
해설: 弟弟(남동생) 跟(~와) 爸爸(아빠) 一样(같다) 喜欢(좋아하다) 足球(축구)
　　　'이 문장에서 '一样'은 '같다'라는 의미이고, '~와 같이'라는 뜻으로 '跟+비교대상+一样'의 형태로 술어 앞에 쓰인다.
　　　술어는 '喜欢'이고, 목적어는 '足球'이다. 이 문장의 올바른 어순은 '주어+跟+비교대상+술어+목적어'이다.

마법처럼 풀리는 **마풀중국어**

11강

핵심 포인트

연동문은 한 문장에 동사가 두 개 이상인 문장으로 동작의 수단이나 방법을 행하는 순서에 따라 표현한다.

주어 **동사**(선행동작) 목적어 **동사** 목적어(목적)
주어 **동사**(수단) 목적어 **동사** 목적어(목적)

01 주어 동사 목적어 동사 목적어
선행동작　　목적

 문장 성분에 유의하여 우리말을 중국어로 바꿔 써 보세요.

주어 동사 목적어 동사 목적어

他去咖啡厅见朋友。

타 취 카페이팅 찌앤 펑요우.
Tā qù kāfēitīng jiàn péngyou.

그는 카페에 가서 친구를 만난다.

주어 동사 목적어 동사 목적어

她去书店买书。

타 취 슈띠앤 마이 슈.
Tā qù shūdiàn mǎi shū.

그녀는 서점에 가서 책을 산다.

주어 동사 목적어 동사 목적어

她来中国学汉语。

타 라이 쫑꾸어 쒸에 한위.
Tā lái Zhōngguó xué Hànyǔ.

그녀는 중국에 와서 중국어를 배운다.

주어 동사 목적어 동사 목적어

她来我的家见我。

타 라이 워 떠 찌아 찌앤 워.
Tā lái wǒ de jiā jiàn wǒ.

그녀는 우리 집에 와서 나를 만난다.

02 주어 동사 목적어 동사 목적어
_{수단} _{목적}

문장 성분에 유의하여 우리말을 중국어로 바꿔 써 보세요.

주어 동사 목적어 동사 목적어

她用发夹开门。

타 용 파찌아 카이 먼.
Tā yòng fàjiā kāi mén.

그녀는 머리핀을 사용해서 문을 연다.

주어 동사 목적어 동사 목적어

爸爸用遥控器开空调。

빠빠 용 야오콩치 카이 콩티아오.
Bàba yòng yáokòngqì kāi kōngtiáo.

아빠는 리모콘을 사용해서 에어컨을 켠다.

주어 동사 목적어 동사 목적어

他骑自行车上班。

타 치 쯔씽쳐 샹빤.
Tā qí zìxíngchē shàngbān.

그는 자전거를 타고 출근한다.

주어 동사 목적어 동사 목적어

我坐飞机去北京。

워 쭈어 페이찌 취 베이찡.
Wǒ zuò fēijī qù Běijīng.

나는 비행기를 타고 베이징에 간다.

확인 문제 주어진 단어를 어순에 맞게 써 보세요.

1. 그녀는 중국에 와서 중국어를 배운다.

   中国 / 汉语 / 来 / 学 / 她

   _____

2. 그녀는 우리 집에 와서 나를 만난다.

   我 / 来 / 她 / 我 / 见 / 家 / 的

   _____

3. 그녀는 머리핀을 사용해서 문을 연다.

   她 / 开 / 用 / 发夹 / 门

   _____

1

해석: 她来中国学汉语。타 라이 쫑꾸어 쒸에 한위. Tā lái Zhōngguó xué Hànyǔ. 그녀는 중국에 와서 중국어를 배운다.

해설: 她(그녀는) 来(오다) 中国(중국) 学(배우다) 汉语(중국어)
동사가 두 개 이상인 연동문은 동작을 행하는 순서대로 쓴다.
먼저 중국에 와서 중국어를 배우는 것이기 때문에, 기본 문장 구조에 따라 '주어+술어+목적어+술어+목적어'로 쓴다.

2

해석: 她来我的家见我。타 라이 워 떠 찌아 찌앤 워. Tā lái wǒ de jiā jiàn wǒ. 그녀는 우리 집에 와서 나를 만난다.

해설: 她(그녀) 来(오다) 我的家(우리집) 见(만나다) 我(나)
동사가 두 개 이상인 연동문은 동작을 행하는 순서대로 쓴다.
먼저 우리집에 와서 나를 만나는 것이기 때문에, 기본 문장 구조에 따라 '주어+술어+목적어+술어+목적어'로 쓴다.

3

해석: 她用发夹开门。타 용 파찌아 카이 먼. Tā yòng fàjiā kāi mén. 그녀는 머리핀을 사용해서 문을 연다.

해설: 她(그녀) 用(사용하다) 发夹(머리핀) 开(열다) 门(문)
동사가 두 개 이상인 연동문은 동작을 행하는 순서대로 쓴다.
먼저 머리핀을 사용해서 문을 여는 것이기 때문에, 기본 문장 구조에 따라 '주어+술어+목적어+술어+목적어'로 쓴다.

마법처럼 풀리는 **마풀중국어**

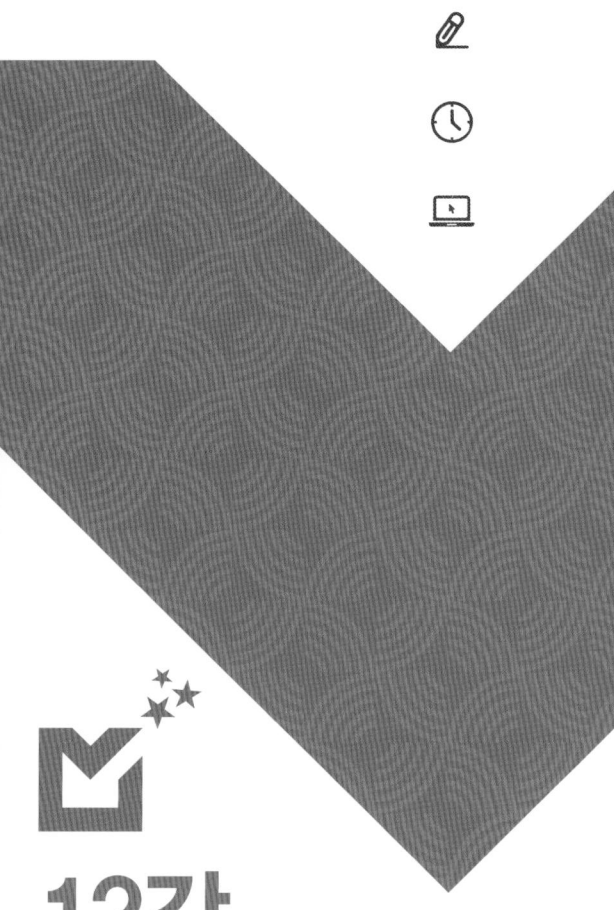

12강

핵심 포인트
결과보어는 동사의 뒤에서 동작의 결과를 보충한다.

동사 + 결과보어 完
주어 동사 결과보어 (목적어) 了
동사 + 결과보어 错

01 동사 + 결과보어 完

문장 성분에 유의하여 우리말을 중국어로 바꿔 써 보세요.

동사 + 결과보어 完

吃完了。
동작을 완성함
츠 완 러.
Chī wán le.

다 먹었다.

_____

동사 + 결과보어 完

看完了。
칸 완 러.
Kàn wán le.

다 보았다.

_____

동사 + 결과보어 完

做完了。
쭈어 완 러.
Zuò wán le.

다 했다.

_____

02 주어 동사 결과보어(목적어) 了

 문장 성분에 유의하여 우리말을 중국어로 바꿔 써 보세요.

주어 동사 결과보어 (목적어) 了

我吃完饭了。

워 츼 완 판 러.
Wǒ chī wán fàn le.

나는 밥 다 먹었어.

_____

주어 동사 결과보어 (목적어) 了

我看完书了。

워 칸 완 슈 러.
Wǒ kàn wán shū le.

나는 책을 다 보았다.

_____

주어 동사 결과보어 (목적어) 了

他做完了。

타 쭈어 완 러.
Tā zuò wán le.

그는 다 했다.

_____

주어 동사 결과보어 (목적어) 了

她喝完啤酒了。

타 허 완 피찌요우 러.
Tā hē wán píjiǔ le.

그녀는 맥주를 다 마셨다.

_____

초급_문장 | 139

03 동사 + 결과보어

 문장 성분에 유의하여 우리말을 중국어로 바꿔 써 보세요.

동사 + 결과보어 错

写错了。

씨에 추어 러.
Xiě cuò le.

잘못 썼다.
_____

동사 + 결과보어 错

说错了。

슈어 추어 러.
Shuō cuò le.

잘못 말했다.
_____

동사 + 결과보어 错

听错了。

팅 추어 러.
Tīng cuò le.

잘못 들었다.
_____

문장 성분에 유의하여 우리말을 중국어로 바꿔 써 보세요.

동사 + 결과보어 错

我写错汉字了。

워 씨에 추어 한쯔 러.
Wǒ xiě cuò Hànzì le.

나는 한자를 잘못 썼어.

동사 + 결과보어 错

我听错了。

워 팅 추어 러.
Wǒ tīng cuò le.

내가 잘못 들었다.

동사 + 결과보어 错

她说错名字了。

타 슈어 추어 밍쯔 러.
Tā shuō cuò míngzi le.

그녀는 이름을 잘못 말했다.

동사 + 결과보어 错

他看错题目了。

타 칸 추어 티무 러.
Tā kàn cuò tímù le.

그가 제목을 잘못 보았다.

확인 문제 주어진 단어를 어순에 맞게 써 보세요.

1. 그는 다 했다.

   做 / 了 / 完 / 他

   _____

2. 내가 잘못 들었다.

   听 / 我 / 了 / 错

   _____

3. 그녀는 이름을 잘못 말했다.

   她 / 名字 / 错 / 了 / 说

   _____

1

해석: 他做完了。 타 쭈어 완 러. Tā zuò wán le. 그는 다 했다.
해설: 他(그) 做(하다) 完(다~하다) 了(완료의 조사)
기본 문장 구조에 맞게 '주어+술어'의 순서로 쓰고, '동작을 마치다'라는 결과보어 '完'은 술어인 '做' 뒤에, 완료의 조사 '了'는 문장 맨 뒤에 쓴다. 이 문장의 올바른 어순은 '주어+술어+完+了'이다.

2

해석: 我听错了。 워 팅 추어 러. Wǒ tīng cuò le. 내가 잘못 들었다.
해설: 我(나) 听(듣다) 错(잘못~하다) 了(완료의 조사)
기본 문장 구조에 맞게 '주어+술어'의 순서로 쓰고, '동작을 잘못했다'라는 결과보어 '错'를 술어인 '听' 뒤에, 완료의 조사 '了'는 문장 맨 뒤에 쓴다. 이 문장의 올바른 어순은 '주어+술어+错+了'이다.

3

해석: 她说错名字了。 타 슈어 추어 밍쯔 러. Tā shuō cuò míngzi le. 그녀는 이름을 잘못 말했다.
해설: 她(그녀) 说(말하다) 错(잘못~하다) 名字(이름) 了(완료의 조사)
기본 문장 구조에 맞게 '주어+술어+목적어'의 순서로 쓰고, '동작을 잘못했다'라는 결과보어 '错'를 술어인 '说' 뒤에, 완료의 조사 '了'는 문장 맨 뒤에 쓴다. 이 문장의 올바른 어순은 '주어+술어+错+목적어+了'이다.

마법처럼 풀리는 **마풀중국어**

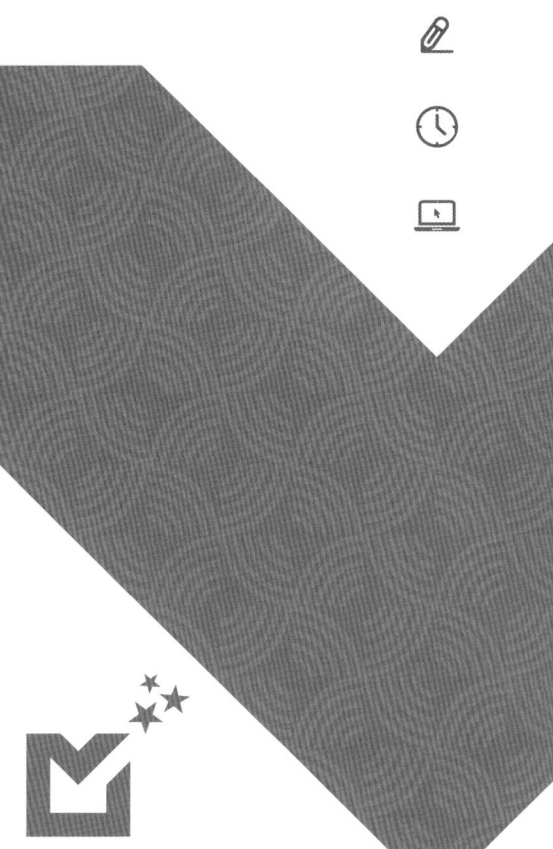

13강

핵심 포인트
동량보어는 동사의 뒤에서 동작의 횟수를 보충한다.

동사 + 동량보어 次
동사 + 동량보어 遍
동사 + 동량보어 + 일반명사
동사 + 인칭대명사 + 동량보어
동사 +인명/지명+동량보어+인명/지명

01 동사 + 동량보어 次

문장 성분에 유의하여 우리말을 중국어로 바꿔 써 보세요.

동사 + 동량보어 次

我去过一次。

워 취 꾸어 이 츠.
Wǒ qù guo yí cì.

나는 한 번 가본 적이 있다.

_____

동사 + 동량보어 次

他们见过一次。

타먼 찌앤 꾸어 이 츠.
Tāmen jiàn guo yí cì.

그들은 한 번 만난 적이 있다.

_____

동사 + 동량보어 次

我听过一次。

워 팅 꾸어 이 츠.
Wǒ tīng guo yí cì.

나는 한 번 들어본 적이 있다.

_____

02 동사 + 동량보어 遍

 문장 성분에 유의하여 우리말을 중국어로 바꿔 써 보세요.

동사 + 동량보어 遍

我看了一遍。

워 칸 러 이 삐앤.
Wǒ kàn le yí biàn.

나는 한 번 보았다.

_____

동사 + 동량보어 遍

他看了两遍那部电影。

타 칸 러 리앙 삐앤 나 뿌 띠앤잉.
Tā kàn le liǎng biàn nà bù diànyǐng.

그는 그 영화를 두 번 봤다.

_____

동사 + 동량보어 遍

她看了三遍那本书。

타 칸 러 싼 삐앤 나 뻔 슈.
Tā kàn le sān biàn nà běn shū.

그녀는 그 책을 세 번 읽었다.

_____

03 동사 + 동량보어 + 일반명사

📝 문장 성분에 유의하여 우리말을 중국어로 바꿔 써 보세요.

동사 동량보어 일반명사	동사 동량보어 일반명사
我看了一遍汉语书。 🔊 워 칸 러 이 삐앤 한위슈. Wǒ kàn le yí biàn Hànyǔshū.	他吃了两次中国菜。 🔊 타 츠 러 리앙 츠 쫑꾸어차이. Tā chī le liǎng cì zhōngguócài.

나는 중국어 책을 한 번 보았다.　　　그는 중국음식을 두 번 먹었다.

_____　　　_____

04 동사 + 인칭대명사 + 동량보어

동사 인칭대명사 동량보어	동사 인칭대명사 동량보어
我看过她一次。 🔊 워 칸 꾸어 타 이 츠. Wǒ kàn guo tā yí cì.	我见过他一次。 🔊 워 찌앤 꾸어 타 이 츠. Wǒ jiàn guo tā yí cì.

나는 그를 한 번 만난 적이 있다.　　　나는 그녀를 한 번 본 적이 있다.

05 동사 + 인명/지명 + 동량보어 + 인명/지명

 문장 성분에 유의하여 우리말을 중국어로 바꿔 써 보세요.

| 동사 | 인명/지명 | 동량보어 | 인명/지명 |

我看过金秀贤一次。

워 칸 꾸어 찐 씨요우 씨앤 이 츠.
Wǒ kàn guo Jīn xiù xián yí cì.

| 동사 | 인명/지명 | 동량보어 | 인명/지명 |

她去过两次上海。

타 취 꾸어 리앙 츠 샹하이.
Tā qù guo liǎng cì Shànghǎi.

나는 김수현을 한 번 본 적이 있다.

___

그녀는 상하이에 두 번 가본 적이 있다.

___

확인 문제 주어진 단어를 어순에 맞게 써 보세요.

1. 나는 그를 한 번 만난 적이 있다.

   一 / 他 / 我 / 次 / 过 / 见

   _____

2. 나는 그녀를 한 번 본 적이 있다.

   一 / 过 / 我 / 次 / 看 / 她

   _____

3. 그녀는 상하이에 두 번 가본 적이 있다.

   过 / 她 / 次 / 去 / 上海 / 两

   _____

1

해석: 我见过他一次。 워 찌앤 꾸어 타 이 츠. Wǒ jiàn guo tā yí cì. 나는 그를 한 번 만난 적이 있다.
해설: 我(나) 见(만나다) 过(~한 적이 있다) 他(그) 一次(한 번)
기본 문장 구조에 맞게 '주어+술어+목적어'의 순서로 쓰고, 경험을 나타내는 '过'는 동사 뒤에, 그 뒤에 동작의 횟수를 쓴다.
이 때, 목적어가 인칭대명사인 '他'일 때는 동량보어 앞에 쓴다.
이 문장의 올바른 어순은 '주어+술어+过+목적어+동량보어'이다.

2

해석: 我看过她一次。 워 칸 꾸어 타 이 츠. Wǒ kàn guo tā yí cì. 나는 그녀를 한 번 본 적이 있다.
해설: 我(나) 看(보다) 过(~한 적이 있다) 她(그녀) 一次(한 번)
기본 문장 구조에 맞게 '주어+술어+목적어'의 순서로 쓰고, 경험을 나타내는 '过'는 동사 뒤에, 그 뒤에 동작의 횟수를 쓴다.
이 때, 목적어가 인칭대명사인 '她'일 때는 동량보어 앞에 쓴다.
이 문장의 올바른 어순은 '주어+술어+过+목적어+동량보어'이다.

3

해석: 她去过两次上海。 타 취 꾸어 리앙 츠 샹하이. Tā qù guo liǎng cì Shànghǎi. 그녀는 상하이에 두 번 가본 적이 있다.
해설: 她(그녀) 去(가다) 过(~한 적이 있다) 两次(두 번) 上海(상하이)
기본 문장 구조에 맞게 '주어+술어+목적어'의 순서로 쓰고, 경험을 나타내는 '过'는 동사 뒤에, 그 뒤에 동작의 횟수를 쓴다.
이 때, 목적어가 인명, 지명일 때는 동량보어의 앞이나 뒤에 쓴다.
이 문장의 올바른 어순은 '주어+술어+过+목적어+동량보어' 혹은 '주어+술어+过+동량보어+목적어'이다.

마법처럼 풀리는 **마풀중국어**

14강

핵심 포인트

시량보어는 동사의 뒤에서 동작을 행하는 시간을 보충한다.

동 了 시량보어 的 목
동 了 인칭대명사 시량보어
동 了 시량보어 的 목 了
동 了 인칭대명사 시량보어 了

01 동 了 시량보어 的 목

📝 문장 성분에 유의하여 우리말을 중국어로 바꿔 써 보세요.

동 了 시량보어 的 목

我学了三个月的汉语。

🔊 워 쒸에 러 싼 꺼 위에 떠 한위.
Wǒ xué le sān ge yuè de Hànyǔ.

나는 중국어를 3개월 동안 배웠다.

동 了 시량보어 的 목

她坐了三个小时的火车。

🔊 타 쭈어 러 싼 꺼 씨아오싀 떠 후어쳐.
Tā zuò le sān ge xiǎoshí de huǒchē.

그녀는 기차를 세 시간 동안 탔다.

02 동 了 인칭대명사 시량보어

동 了 인칭대명사 시량보어

我等了她一个小时。

🔊 워 떵 러 타 이 꺼 씨아오싀.
Wǒ děng le tā yí ge xiǎoshí.

나는 그녀를 한 시간 동안 기다렸다.

동 了 인칭대명사 시량보어

我找了他三个小时。

🔊 워 쨔오 러 타 싼 꺼 씨아오싀.
Wǒ zhǎo le tā sān ge xiǎoshí.

나는 그를 세 시간 동안 찾았다.

03 동 了 시량보어 的 목 了

 문장 성분에 유의하여 우리말을 중국어로 바꿔 써 보세요.

동 了 시량보어 的 목 了

我学了三个月的汉语了。

워 쉬에 러 싼 꺼 위에 떠 한위 러.
Wǒ xué le sān ge yuè de Hànyǔ le.

나는 중국어를 3개월 째 배우고 있다.

동 了 시량보어 的 목 了

她坐了三个小时的火车了。

타 쭈어 러 싼 꺼 씨아오싈 떠 후어쳐 러.
Tā zuò le sān ge xiǎoshí de huǒchē le.

그녀는 기차를 세 시간 째 타고 있다.

---

04 동 了 인칭대명사 시량보어 了

동 了 인칭대명사 시량보어 了

我等了她一个小时了。

워 떵 러 타 이 꺼 씨아오싈 러.
Wǒ děng le tā yí ge xiǎoshí le.

나는 그녀를 한 시간 째 기다리고 있다.

동 了 인칭대명사 시량보어 了

我找了他三个小时了。

워 쨔오 러 타 싼 꺼 씨아오싈 러.
Wǒ zhǎo le tā sān ge xiǎoshí le.

나는 그를 세 시간 째 찾고 있다.

확인 문제 주어진 단어를 어순에 맞게 써 보세요.

1. 나는 그녀를 한 시간 동안 기다렸다.

   个 / 了 / 她 / 一 / 小时 / 等 / 我

   _____

2. 나는 그녀를 한 시간 째 기다리고 있다.

   她 / 等 / 小时 / 一 / 我 / 个 / 了 / 了

   _____

1
해석: 我等了她一个小时。 워 떵 러 타 이 꺼 씨아오싀. Wǒ děng le tā yí ge xiǎoshí. 나는 그녀를 한 시간 동안 기다렸다.
해설: 我(나) 等(기다리다) 了(~했다) 她(그녀) 一个小时(한 시간)
'~동안 ~했다'라는 문장을 표현할 때, 완료를 나타내는 '了'는 동사 뒤에 쓰고, 그 뒤에 동작이 행해진 시간을 나타내는 시량보어를 써서, '동사+了+시량보어'의 순서로 표현한다. 이 문장에서 시량보어는 '한 시간'을 나타내는 '一个小时'이고, 이 때, 목적어가 인칭대명사일 경우에는 시량보어 앞에 쓴다.
이 문장의 올바른 어순은 '주어+동사+了+목적어+시량보어'이다.

2
해석: 我等了她一个小时了。 워 떵 러 타 이 꺼 씨아오싀 러. Wǒ děng le tā yí ge xiǎoshí le. 나는 그녀를 한 시간 째 기다리고 있다.
해설: 我(나) 等(기다리다) 了(~했다) 她(그녀) 一个小时(한 시간) 了(~했다)
'~동안 ~했다'라는 문장의 어순 '동사+了+시량보어'의 형태로 쓰고, '~째 ~하고 있다'라는 완료진행을 표현할 때는 문장 맨 뒤에 '了'를 추가하여 쓴다. 이 때, 목적어가 인칭대명사일 경우에는 시량보어의 앞에 쓴다.
이 문장의 올바른 어순은 '주어+동사+了+목적어+시량보어+了'이다.

마법처럼 풀리는 **마풀중국어**

15강

핵심 포인트
정도보어는 동사의 뒤에서 동작의 정도를 보충한다.

(동) 목 동 得 정도보어

01 (동) 목 동 得 정도보어

문장 성분에 유의하여 우리말을 중국어로 바꿔 써 보세요.

(동) 목 동 得 정도보어

我吃饭吃得很多。

워 츠 판 츠 떠 헌 뚜어.
Wǒ chī fàn chī de hěn duō.

나는 밥을 많이 먹는다.

_____

(동) 목 동 得 정도보어

他汉语说得不流利。

타 한위 슈어 떠 뿌 리요우리.
Tā Hànyǔ shuō de bù liúlì.

그는 중국어를 유창하게 하지 못한다.

_____

(동) 목 동 得 정도보어

他唱歌唱得好吗?

타 챵 꺼 챵 떠 하오 마?
Tā chàng gē chàng de hǎo ma?

그는 노래를 잘합니까?

_____

문장 성분에 유의하여 우리말을 중국어로 바꿔 써 보세요.

(동)목 동 得 정도보어

她写汉字写得很好。

타 씨에 한쯔 씨에 떠 헌 하오.
Tā xiě Hànzì xiě de hěn hǎo.

그녀는 한자를 잘 쓴다.

_____

(동)목 동 得 정도보어

他跑步跑得很快。

타 파오 뿌 파오 떠 헌 쿠아이.
Tā pǎo bù pǎo de hěn kuài.

그는 달리기가 빠르다.

_____

(동)목 동 得 정도보어

她跳舞跳得不太好。

타 티아오 우 티아오 떠 뿌 타이 하오.
Tā tiào wǔ tiào de bú tài hǎo.

그녀는 춤을 잘 못 춘다.

_____

문장 성분에 유의하여 우리말을 중국어로 바꿔 써 보세요.

(동) 목 동 得 정도보어

他踢足球踢得不太好。

타 티 쭈치요우 티 떠 뿌 타이 하오.
Tā tī zúqiú tī de bú tài hǎo.

그는 축구를 잘 못한다.

_____

(동) 목 동 得 정도보어

她说汉语说得好吗?

타 슈어 한위 슈어 떠 하오 마?
Tā shuō Hànyǔ shuō de hǎo ma?

그녀는 중국어를 잘 합니까?

_____

(동) 목 동 得 정도보어

他打篮球打得怎么样?

타 따 란치요우 따 떠 쩐머양?
Tā dǎ lánqiú dǎ de zěnmeyàng?

그는 농구 실력이 어때요?

_____

확인 문제 주어진 단어를 어순에 맞게 써 보세요.

1. 그는 중국어를 유창하게 하지 못한다.
   他 / 说 / 得 / 流利 / 不 / 汉语

   _____

2. 그는 축구를 잘 못한다.
   他 / 踢 / 踢 / 不 / 足球 / 好 / 太 / 得

   _____

1

해석: 他汉语说得不流利。타 한위 슈어 떠 뿌 리우리. Tā Hànyǔ shuō de bù liúlì. 그는 중국어를 유창하게 하지 못한다.
해설: 他(그) 汉语(중국어) 说(말하다) 得(구조조사) 不流利(유창하지 않다)
기본 문장 구조 '주어+술어+목적어'로 쓰고, 그 뒤에 동사와 동작의 정도를 보충하는 정도보어를 연결하여 쓴다.
이 때, 동사와 정도보어 사이에는 구조조사 '得'로 연결하고, 앞에 동사는 생략하여 쓸 수 있다.
이 문장의 올바른 어순은 '주어+(동사)+목적어+동사+得+정도보어'이다.

2

해석: 他踢足球踢得不太好。타 티 쭈치우 티 떠 뿌 타이 하오. Tā tī zúqiú tī de bú tài hǎo. 그는 축구를 잘 못한다.
해설: 他(그) 踢(발로 차다) 足球(축구) 得(구조조사) 不太好(잘하지 못하다)
기본 문장 구조 '주어+술어+목적어'로 쓰고, 그 뒤에 동사와 동작의 정도를 보충하는 정도보어를 연결하여 쓴다.
이 때, 동사와 정도보어 사이에는 구조조사 '得'로 연결하고, 앞에 동사는 생략하여 쓸 수 있다.
이 문장의 올바른 어순은 '주어+(동사)+목적어+동사+得+정도보어'이다.

Memo